地图上的中国史［上］
从神话时代到西周

主编☉李不白

中国画报出版社·北京

图书在版编目（CIP）数据

地图上的中国史. 上 / 李不白主编. -- 北京：中国画报出版社，2024.7
ISBN 978-7-5146-2441-0

Ⅰ.①地… Ⅱ.①李… Ⅲ.①中国历史—通俗读物 Ⅳ.①K209

中国国家版本馆CIP数据核字(2024)第110343号

中华人民共和国自然资源部审图号：GS（2024）1543号

地图上的中国史. 上

李不白 主编

出 版 人：方允仲
责任编辑：齐丽华　郭翠青
特约编辑：战崇坤
封面设计：詹方圆
美术设计：罗家洋　孙　波
责任印制：焦　洋

出版发行：中国画报出版社
地　　址：中国北京市海淀区车公庄西路33号　邮编：100048
发 行 部：010-88417418　010-68414683（传真）
总编室兼传真：010-88417359　版权部：010-88417359

开　　本：16开（710mm×1000mm）
印　　张：94
字　　数：1350千字
版　　次：2024年7月第1版　2024年7月第1次印刷
印　　刷：北京雅图新世纪印刷科技有限公司
书　　号：ISBN 978-7-5146-2441-0
定　　价：249.00元（全五册）

序

任何历史事件都有两个维度：一个是时间，另一个是空间。而我们人类天生就对空间具有记忆天赋，对时间却不敏感。

比如我们藏东西后，常常忘了是哪一天、什么时段藏的，但对藏的位置却记忆深刻，即使它在你家衣柜抽屉里的某个极不起眼的角落，你也能很快把它找出来。

当然，我们可以解释说：之所以有这种现象，是因为时间是抽象的，空间是具体的，人类理解抽象的概念就是要难一些，而理解具体的事物就简单得多。但追根溯源，为什么我们对时间和空间的记忆能力差别如此之大？这可能和人类的进化过程有关。

人类出现在地球上几百万年，农业文明不过一万年，工业文明只有几百年，我们的老祖宗绝大部分时间处于狩猎采集阶段，人类的基因筛选正是主要发生在这个时间段。这段农业文明以前的时代，即我们通常所说的原始社会。

在原始社会里，人类还不那么需要历法，不那么需要计时，更需要的是了解哪里有野果，哪里有猎物，否则难以生存。冬季来临之前，人类需要收集坚果埋藏起来，以便熬过万物萧条的冬季。这时，他们不用在意埋藏的准确日期是哪一天，但一定要记住埋藏点的地理环境。原始人中当然可能有一些"地理知识不好"的，一旦冬天来临，大雪封山，他们就找不到食物，也就饿死了，只有那些"地理知识好"的人才能熬过寒冬，留下后代。

所以作为后人，我们可能天生就具有地理天赋。

地理是历史的空间维度，为什么我们学了那么多的历史却总是记不住，原因就是我们把太多的时间花在了记忆时间这个天赋短板上，却没有想到去利用我们的地理天赋。

地理对记忆历史不仅有强化作用，也有唤醒作用。有了地理的加持，我们对历史事件的记忆就会强化很多。就像我们儿时的趣事，尽管随着时间的流逝已很少忆起，但一旦我们回到当年的环境，许多往事便在脑海中一幕幕重现，仿佛就发生在昨天。

除此之外，地理对记忆历史还有简化的作用。在中国历史上，朝代更迭，各种类似的历史事件循环往复，经常搞得我们晕头转向，要记住这么多历史事件着实困难。但别忘了，所有的这些历史事件都发生在同一片土地上，不同朝代可能在反复上演着情节相似的故事，或者是上演总结前朝经验之后的修订剧本。历史总是在变化，但相对人类短暂的文明而言，地理几乎是不变的，以不变应万变，几千年的历史仿佛也不那么复杂了。

而且，历史发生的舞台就在我们脚下，我们走过的每一片土地，历史上都发生过或大或小的故事。更进一步说，如果了解了我们国家的地理特点（包括那些不变的山脉，时有变化的河流，一些重要的关口，每朝每代都在抢夺的兵家必争之地），我们似乎也能发现历史演化的规律。这个规律虽然不像数学公式那样精确无误，但对我们记忆和理解历史来说，却是一把金钥匙。

当然，要做到这些并不容易，需要日积月累，更需要对事物的理解能力。对初学者，特别是青少年朋友来说，在没有地理基础的情况下，过多的地理解读反而会增加他们的负担，最简单有效的方法就是让他们对照着地图看历史。地图上有河流，有山脉，有古今对照的地名，以及其他地理信息，读者们或多或少都能从中获取自己需要的信息。学习地理最有效的方式就是多看地图，这是任何文字都替代不了的。就我个人的经验而言，我对历史地理的兴趣最早就是在看地图的过程中产生的，特别是历史地图。

历史地图里不仅包含了历史，也包含了地理，它是历史和地理的纽带。

　　为适应青少年的知识结构，本套书并没有过多地去解析历史和地理的关系，而是以讲故事的方式介绍中国几千年绵延不断的历史，同时在书中插入必要的地图。初读时，读者只需简单地了解故事的发生地，加强记忆；细读时，就会发现各种历史事件的纵向联系以及其中大致的规律——不知不觉中，对地理也就了解了，达到润物无声的效果。

　　这套书从选题策划到付梓出版，前后用了五年的时间，其间编辑团队数易其稿，反复打磨，不辞劳苦。不同于普通的历史故事集，我们希望这套书能成为广大青少年手中好看又有用的书，让孩子们从小就对历史建立一个完整的时空体系。有了这套体系，他们在以后看待事物的过程中，就会有更深刻和更全面的思考，这才是最珍贵的。

李不白

2024 年 5 月 10 日于北京

图 例

古		今	
⊙ **王城**	京城	⊛ **北京**	首都
⊙ **新郑**	主要城市	⊛ 郑州	省级行政中心
⊙ **鄢陵**	普通城市	⊙ 洛阳	地级行政中心
• **践土**	重要地名	○ 新郑	县级行政中心
• **虎牢**	关隘	———	国界
• **风陵渡**	渡口	-------	未定国界
济 水	河流	*洛 河*	河流

中国地理分区

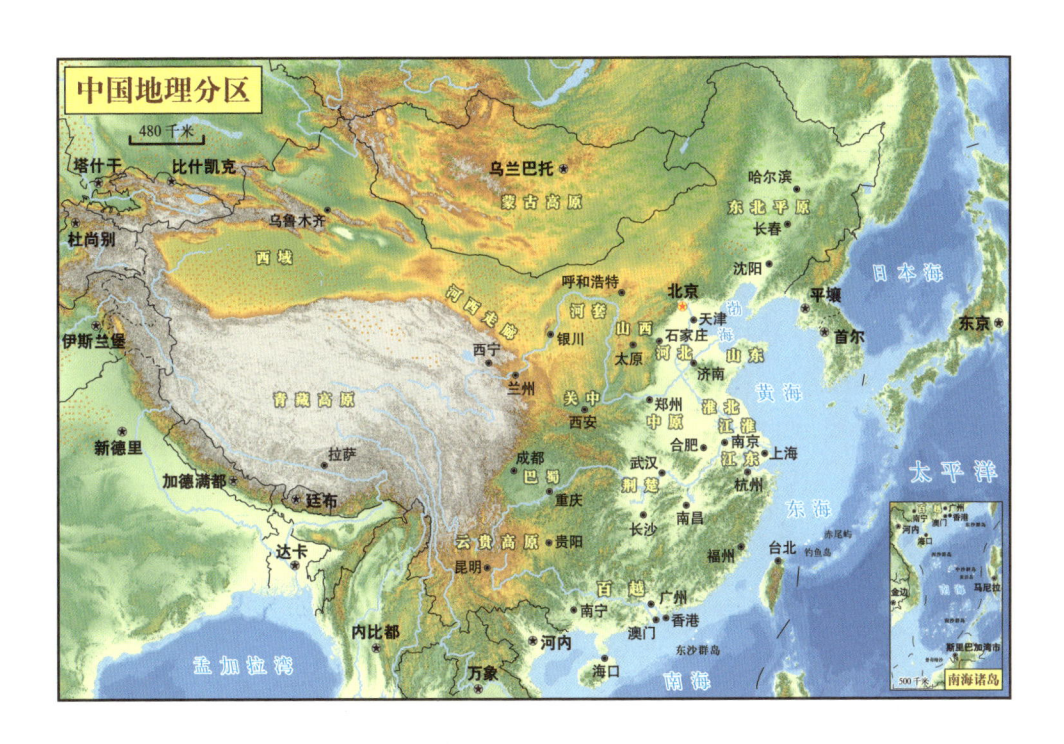

中国政区

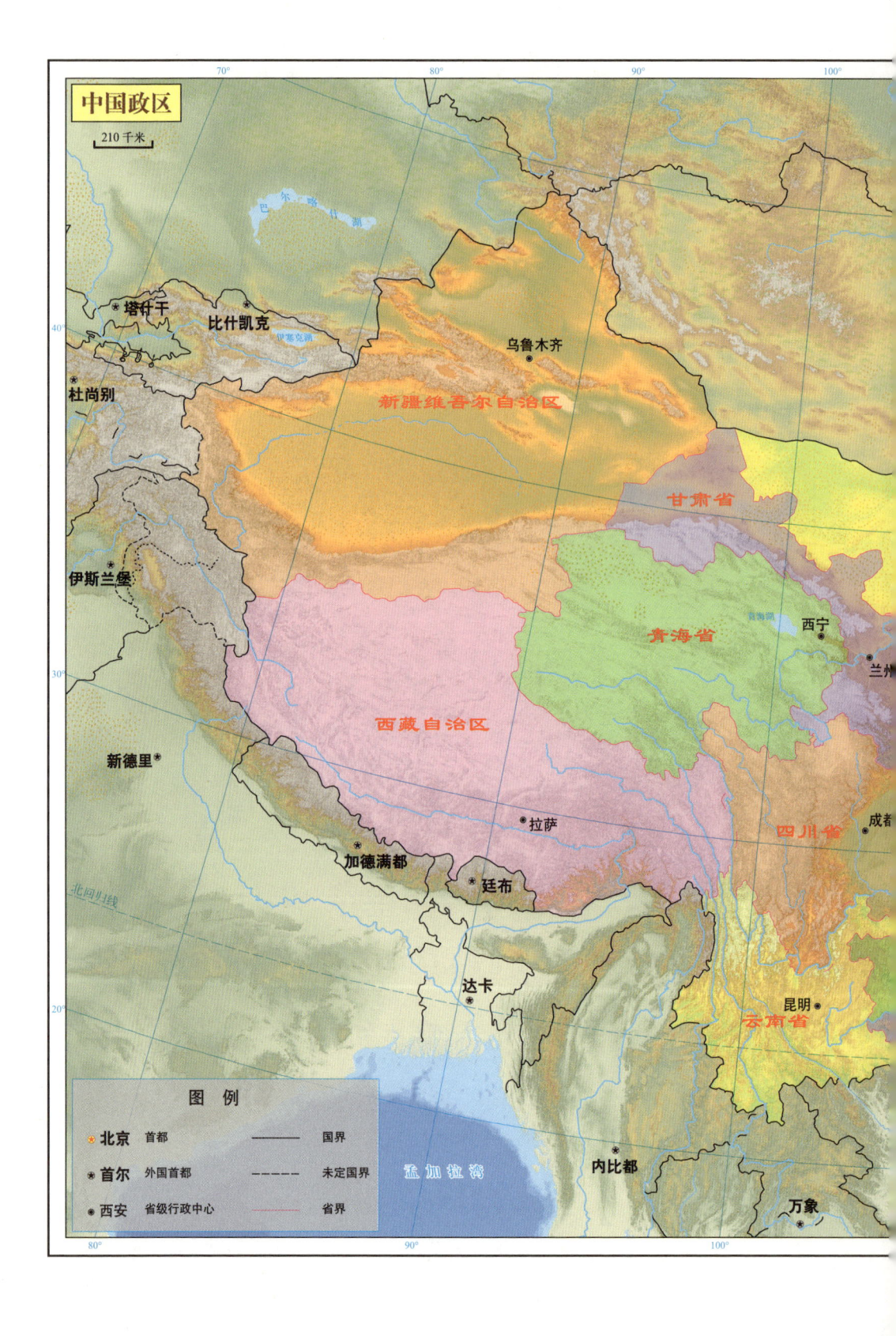

210千米

图例

- 北京 首都
- 首尔 外国首都
- 西安 省级行政中心
- —— 国界
- ---- 未定国界
- —— 省界

新疆维吾尔自治区
乌鲁木齐

甘肃省
青海省
西宁
兰州

西藏自治区
拉萨

四川省
成都

云南省
昆明

塔什干
比什凯克
伊塞克湖
杜尚别
伊斯兰堡
新德里
加德满都
廷布
达卡
内比都
万象

巴尔喀什湖
孟加拉湾
北回归线

中国及周边地区地图

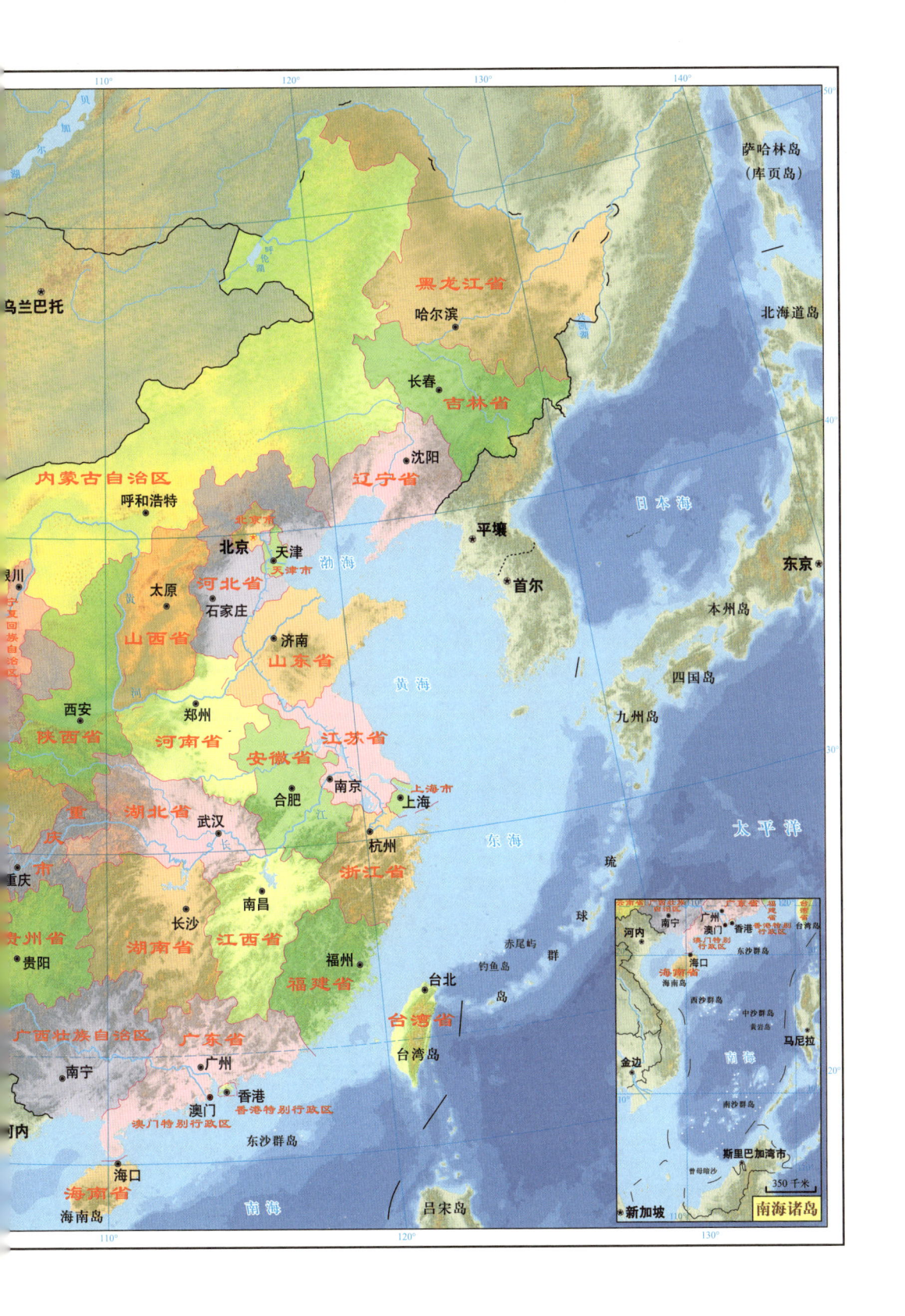

主要地名标注

国家/城市：
- 乌兰巴托
- 平壤
- 首尔
- 东京
- 河内
- 金边
- 马尼拉
- 新加坡
- 斯里巴加湾市

中国省级行政区：
- 内蒙古自治区（呼和浩特）
- 黑龙江省（哈尔滨）
- 吉林省（长春）
- 辽宁省（沈阳）
- 北京市（北京）
- 天津市（天津）
- 河北省（石家庄）
- 山西省（太原）
- 山东省（济南）
- 宁夏回族自治区
- 陕西省（西安）
- 河南省（郑州）
- 江苏省（南京）
- 安徽省（合肥）
- 上海市（上海）
- 湖北省（武汉）
- 浙江省（杭州）
- 重庆市（重庆）
- 湖南省（长沙）
- 江西省（南昌）
- 福建省（福州）
- 贵州省（贵阳）
- 广西壮族自治区（南宁）
- 广东省（广州）
- 台湾省（台北，台湾岛）
- 香港特别行政区（香港）
- 澳门特别行政区（澳门）
- 海南省（海口，海南岛）

海域及岛屿：
- 日本海
- 黄海
- 渤海
- 东海
- 南海
- 太平洋
- 萨哈林岛（库页岛）
- 北海道岛
- 本州岛
- 四国岛
- 九州岛
- 琉球群岛
- 赤尾屿
- 钓鱼岛
- 东沙群岛
- 西沙群岛
- 中沙群岛
- 南沙群岛
- 黄岩岛
- 曾母暗沙
- 吕宋岛

南海诸岛（附图）

比例尺：350 千米

夏朝疆域图

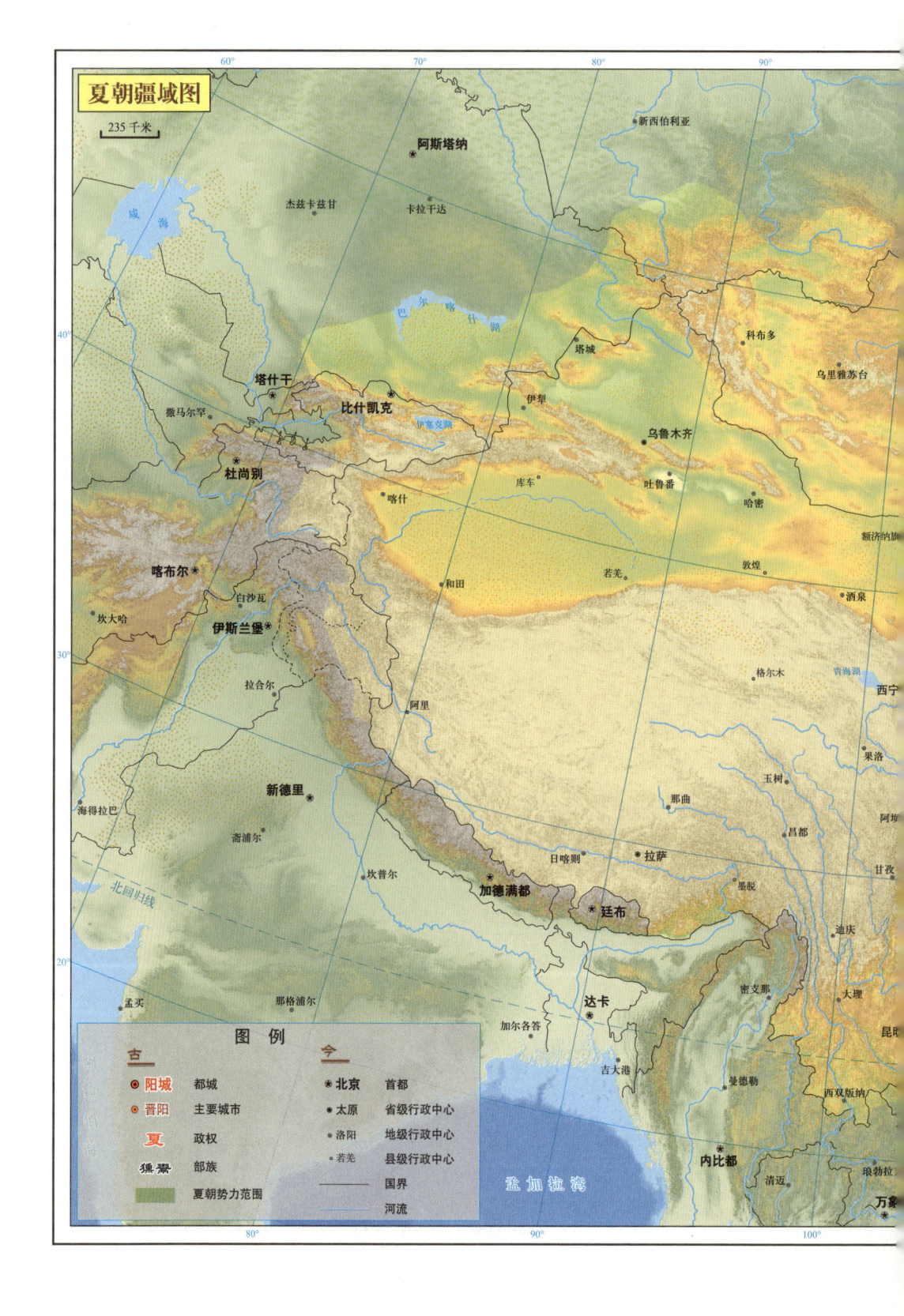

比例尺 235千米

图例

古
- ⊙ 阳城　都城
- ⊙ 晋阳　主要城市
- **夏**　政权
- 獯鬻　部族
- ▨　夏朝势力范围

今
- ⊛ 北京　首都
- ● 太原　省级行政中心
- ∘ 洛阳　地级行政中心
- · 若羌　县级行政中心
- ──　国界
- ──　河流

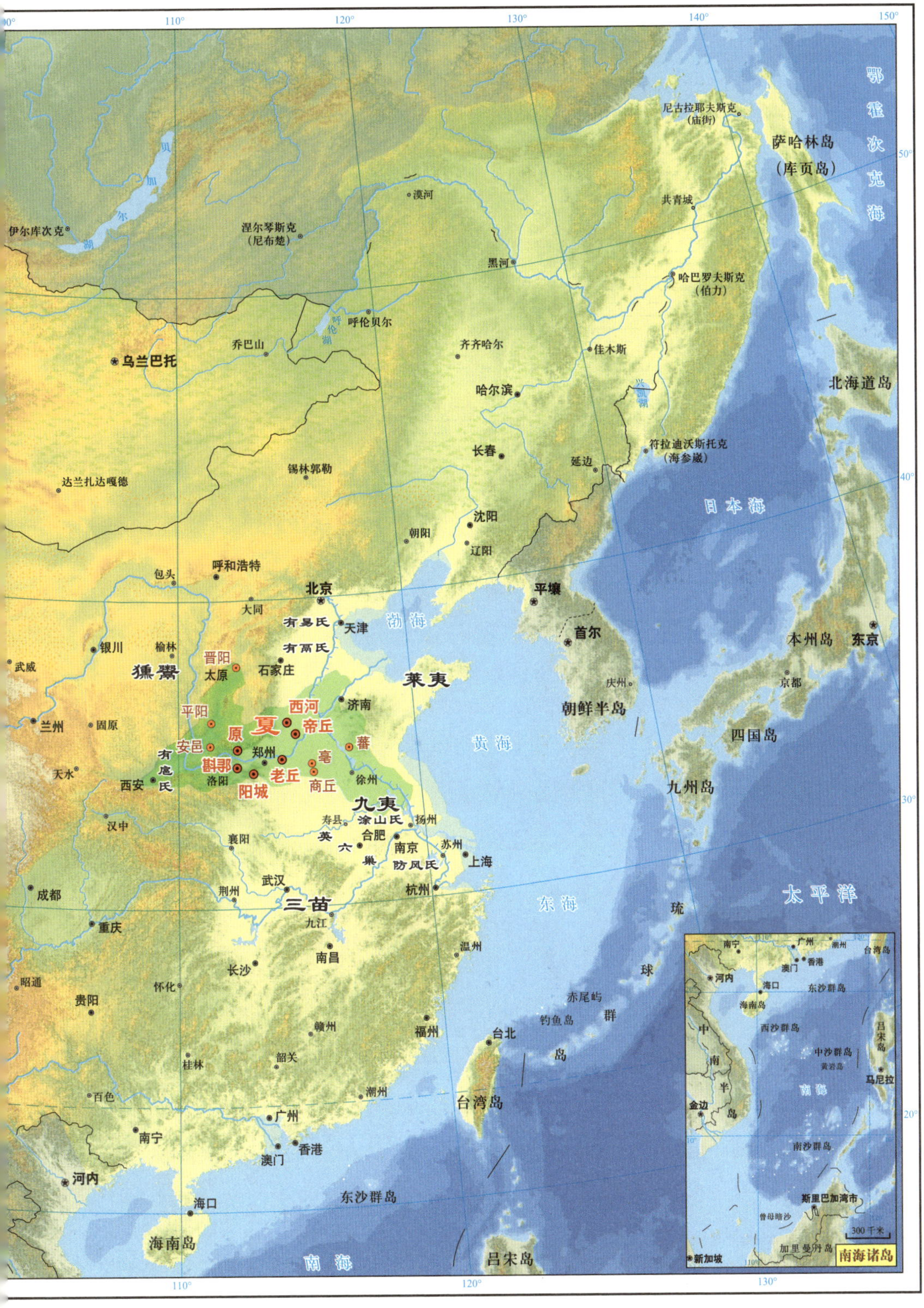

110°
120°
130°
140°
150°
鄂霍次克海
尼古拉耶夫斯克
(庙街)
萨哈林岛
(库页岛)
50°
贝加尔湖
漠河
共青城
伊尔库次克
涅尔琴斯克
(尼布楚)
黑河
哈巴罗夫斯克
(伯力)
呼伦湖
呼伦贝尔
乔巴山
齐齐哈尔
佳木斯
乌兰巴托
兴凯湖
哈尔滨
北海道岛
长春
符拉迪沃斯托克
(海参崴)
延边
锡林郭勒
达兰扎达嘎德
40°
日本海
沈阳
朝阳
辽阳
包头
呼和浩特
北京
平壤
大同
有易氏
天津
渤海
首尔
本州岛
东京
银川
榆林
有鬲氏
晋阳
武威
獯鬻
太原
石家庄
莱夷
庆州
京都
西河
济南
平阳
夏
帝丘
朝鲜半岛
兰州
固原
原
安邑
蕃
四国岛
黄海
有扈氏
郑州
亳
天水
斟鄩
老丘
西安
洛阳
商丘
徐州
阳城
九州岛
九夷
30°
寿县
涂山氏
扬州
汉中
英
合肥
襄阳
六
南京
苏州
巢
防风氏
上海
武汉
成都
荆州
杭州
三苗
东海
太平洋
九江
重庆
琉
温州
南昌
长沙
球
昭通
怀化
赤尾屿
群
贵阳
钓鱼岛
赣州
福州
台北
岛
韶关
桂林
百色
潮州
台湾岛
广州
南宁
香港
澳门
河内
海口
东沙群岛
海南岛
吕宋岛
南海
110°
120°
南宁
广州
潮州
台湾岛
澳门
香港
河内
海口
东沙群岛
海南岛
西沙群岛
中南半岛
中沙群岛
黄岩岛
吕宋岛
南海
马尼拉
20°
金边
南沙群岛
斯里巴加湾市
曾母暗沙
300千米
加里曼丹岛
新加坡
130°
南海诸岛

商朝疆域图

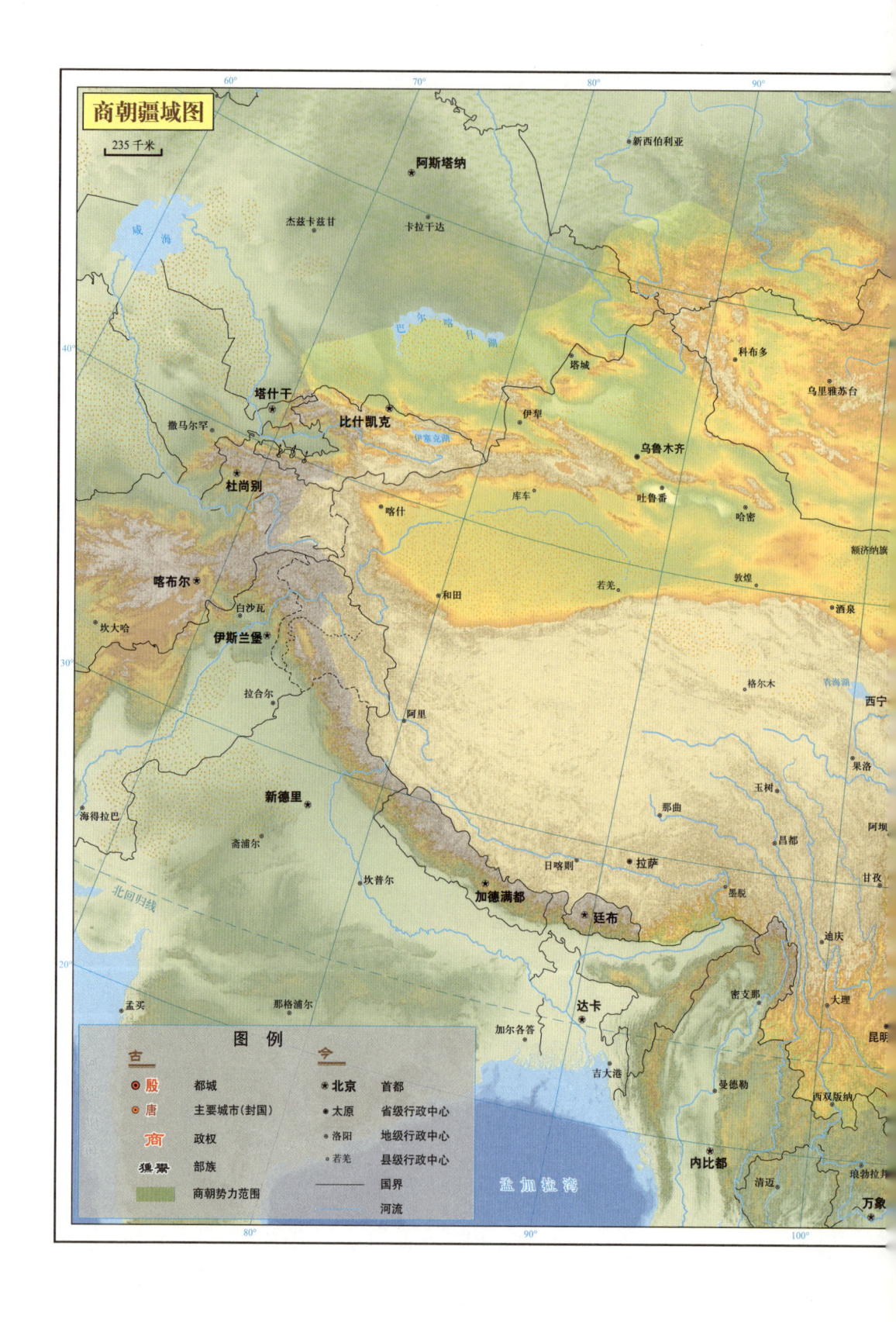

235千米

图例

古
- 殷 都城
- 唐 主要城市（封国）
- 商 政权
- 猃狁 部族
- 商朝势力范围

今
- 北京 首都
- 太原 省级行政中心
- 洛阳 地级行政中心
- 若羌 县级行政中心
- 国界
- 河流

主要地名：
阿斯塔纳、新西伯利亚、咸海、杰兹卡兹甘、卡拉干达、巴尔喀什湖、塔城、科布多、乌里雅苏台、塔什干、比什凯克、伊犁、撒马尔罕、伊塞克湖、乌鲁木齐、杜尚别、喀什、库车、吐鲁番、哈密、额济纳旗、和田、若羌、敦煌、酒泉、喀布尔、白沙瓦、坎大哈、伊斯兰堡、拉合尔、阿里、格尔木、青海湖、西宁、海得拉巴、新德里、斋浦尔、那曲、玉树、果洛、阿坝、甘孜、坎普尔、日喀则、拉萨、昌都、墨脱、迪庆、加德满都、廷布、大理、孟买、那格浦尔、达卡、密支那、昆明、加尔各答、吉大港、曼德勒、西双版纳、内比都、清迈、琅勃拉邦、万象、孟加拉湾

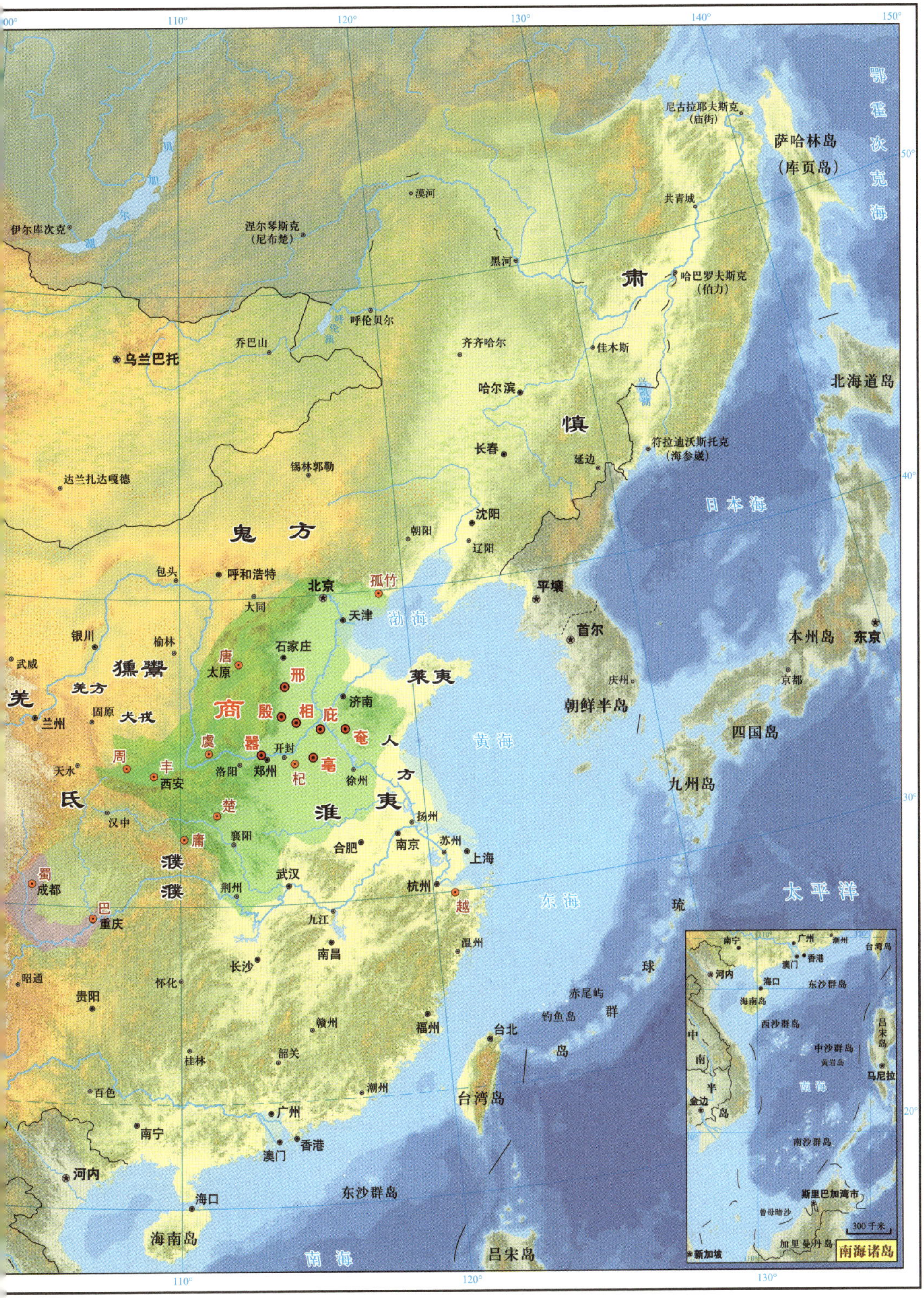
鄂霍次克海
尼古拉耶夫斯克
(庙街)
萨哈林岛
(库页岛)
共青城
漠河
伊尔库次克
贝加尔湖
涅尔琴斯克
(尼布楚)
黑河
肃
哈巴罗夫斯克
(伯力)
呼伦贝尔
呼伦湖
乔巴山
乌兰巴托
齐齐哈尔
佳木斯
北海道岛
哈尔滨
兴凯湖
慎
符拉迪沃斯托克
(海参崴)
长春
延边
锡林郭勒
达兰扎达嘎德
日本海
鬼方
沈阳
朝阳
辽阳
包头
呼和浩特
北京
孤竹
平壤
大同
天津
渤海
首尔
银川
榆林
石家庄
本州岛
东京
武威
獯鬻
唐
太原
邢
莱夷
京都
庆州
羌
羌方
商
殷
相
庇
济南
朝鲜半岛
兰州
固原
犬戎
奄
人
黄海
四国岛
虞
嚣
开封
亳
天水
周
丰
西安
洛阳
郑州
杞
徐州
方
九州岛
氐
楚
淮
夷
汉中
扬州
襄阳
合肥
南京
苏州
庸
上海
濮
蜀
成都
武汉
荆州
杭州
越
东海
琉
太平洋
巴
重庆
九江
南昌
温州
长沙
球
昭通
怀化
贵阳
赤尾屿
钓鱼岛
群
赣州
福州
台北
岛
桂林
韶关
百色
潮州
台湾岛
广州
南宁
澳门
香港
河内
海口
东沙群岛
海南岛
南海
吕宋岛
西沙群岛
中南半岛
中沙群岛
黄岩岛
马尼拉
金边
南沙群岛
斯里巴加湾市
曾母暗沙
300千米
加里曼丹岛
新加坡
南海诸岛

西周疆域图

235 千米

图例

古
- 镐 都城
- 晋 主要城市(封国)
- 西周 政权
- 獯鬻 部族
- 周朝势力范围

今
- ★ 北京 首都
- ◎ 太原 省级行政中心
- ◉ 洛阳 地级行政中心
- • 若羌 县级行政中心
- 国界
- 河流

伊尔库次克
贝加尔湖
涅尔琴斯克（尼布楚）
漠河
尼古拉耶夫斯克（庙街）
萨哈林岛（库页岛）
鄂霍次克海
共青城
黑河
肃
哈巴罗夫斯克（伯力）
呼伦贝尔
呼伦湖
乔巴山
乌兰巴托
齐齐哈尔
佳木斯
兴凯湖
北海道岛
哈尔滨
慎
长春
符拉迪沃斯托克（海参崴）
延边
锡林郭勒
达兰扎达嘎德
日本海
沈阳
朝阳
辽阳
鬼方
箕子朝鲜
平壤
包头
呼和浩特
燕
大同
北京
天津
渤海
首尔
本州岛
东京
银川
榆林
北戎
石家庄
武威
獯鬻
隗
太原
邢
齐
莱夷
京都
庆州
羌
犬戎
西周
济南
朝鲜半岛
兰州
固原
晋
卫
姜戎
鲁
曹
四国岛
宗周
虞
成周
东虢
开封
天水
西虢
黄海
镐
洛阳
郑州
宋
杞
郑
秦
西安
徐州
陈
九州岛
氐
褒
汉中
楚
申
蔡
徐
淮夷
扬州
邓
唐
南京
吴
庸
襄阳
随
合肥
上海
苏州
濮
蜀
成都
武汉
杭州
东海
太平洋
巴
重庆
荆州
扬
九江
越
琉球群岛
温州
南昌
长沙
昭通
怀化
贵阳
赤尾屿
钓鱼岛
赣州
福州
台北
桂林
韶关
台湾岛
百色
潮州
广州
南宁
香港
澳门
河内
东沙群岛
海口
海南岛
吕宋岛
南海
南海诸岛
西沙群岛
中沙群岛
黄岩岛
马尼拉
中南半岛
金边
南沙群岛
斯里巴加湾市
曾母暗沙
新加坡
加里曼丹岛
300千米

目录 CONTENTS

01 敲石头的三百万年
- 中国最早的猿人 … 002
- 聪明的山顶洞人 … 005

02 石头里磨出新时代
- 长笛·猪骨·稻粒 … 006
- 房子·陶器·纺轮 … 008

03 衣服从哪里来？
- 美观又实用的发明 … 011
- 土石上的"服装秀" … 013

04 盘古和女娲
- 盘古开天地 … 014
- 女娲造泥人 … 016

05 搭"树屋"的有巢氏
- 向鸟儿学建屋 … 018
- 从树屋到干栏式 … 020

06 发明钻木取火
- 上天的恩赐——火 … 021
- 让木头长出火苗 … 022

07 炎黄氏族的崛起	大发明家伏羲氏	024
	以身试药的神农氏	026
	炎黄合力战蚩尤	029
	地图专题：涿鹿之战	032
08 初定华夏	永不屈服的刑天	034
	黄帝巡游的大排场	036
09 黄帝时代的文明大爆发	传说中的音乐家伶伦	040
	从足迹中发明文字	043
	做梦也不忘求贤	045
10 《山海经》里的伟大首领	谜一样的帝俊一家	048
	巡视大地，划分昼夜	049
11 用鸟当官名的少昊	用百鸟当官名	051
	少昊的社会大分工	052
12 永远倒下的"不周山"	颛顼平叛乱	054
	切断天地通路	055

13 多子多福的帝喾	帝喾继位	057
	亲兄弟，死对头	058
14 贤君唐尧	贤明的唐尧	060
	测定历法的两大家族	062
	给天下都不要的许由	065
15 刚柔并济的舜帝	好脾气的虞舜	068
	舜帝上任的"三把火"	072
	舜和他的好搭档皋陶	074
	劳而无功的鲧	076
	神话、文学和历史	078
16 大禹定九州	对抗洪水的十三年	082
	地图专题：治水定九州	086
	驱逐三苗部落	088
	定九州、铸九鼎	090
17 建立夏朝	从此天下归夏家	093
	夏启消灭有扈氏	095
18 几乎被灭的夏朝	后羿攻克夏王都	098
	傀儡王仲康	100
	后羿之死	103
	寒浞攻灭夏朝	105

19 短暂的复国和中兴

王子少康复仇记 109
九夷部族的臣服 111

20 商族的崛起

爱养"龙"的孔甲 114
花天酒地的夏王癸 116
悄悄崛起的商族 118

21 末代暴君夏桀

穷兵黩武、众叛亲离 122
从厨子到宰相 124
商汤的夏台历险记 126

22 鸣条之战灭夏朝

景亳的宣誓大会 129
商汤革命,建立新朝 131
地图专题:商汤灭夏 132

23 被宰相放逐的天子

顽劣天子太甲 136
六朝元老伊尹 138

24 长寿的商中宗

长寿的太戊 139
九世之乱 140

25 盘庚的迁都大复兴

大胆的迁都决定 142
盘庚的雷霆手段 143
地图专题:商朝搬家记 146

26 商王武丁的盛世

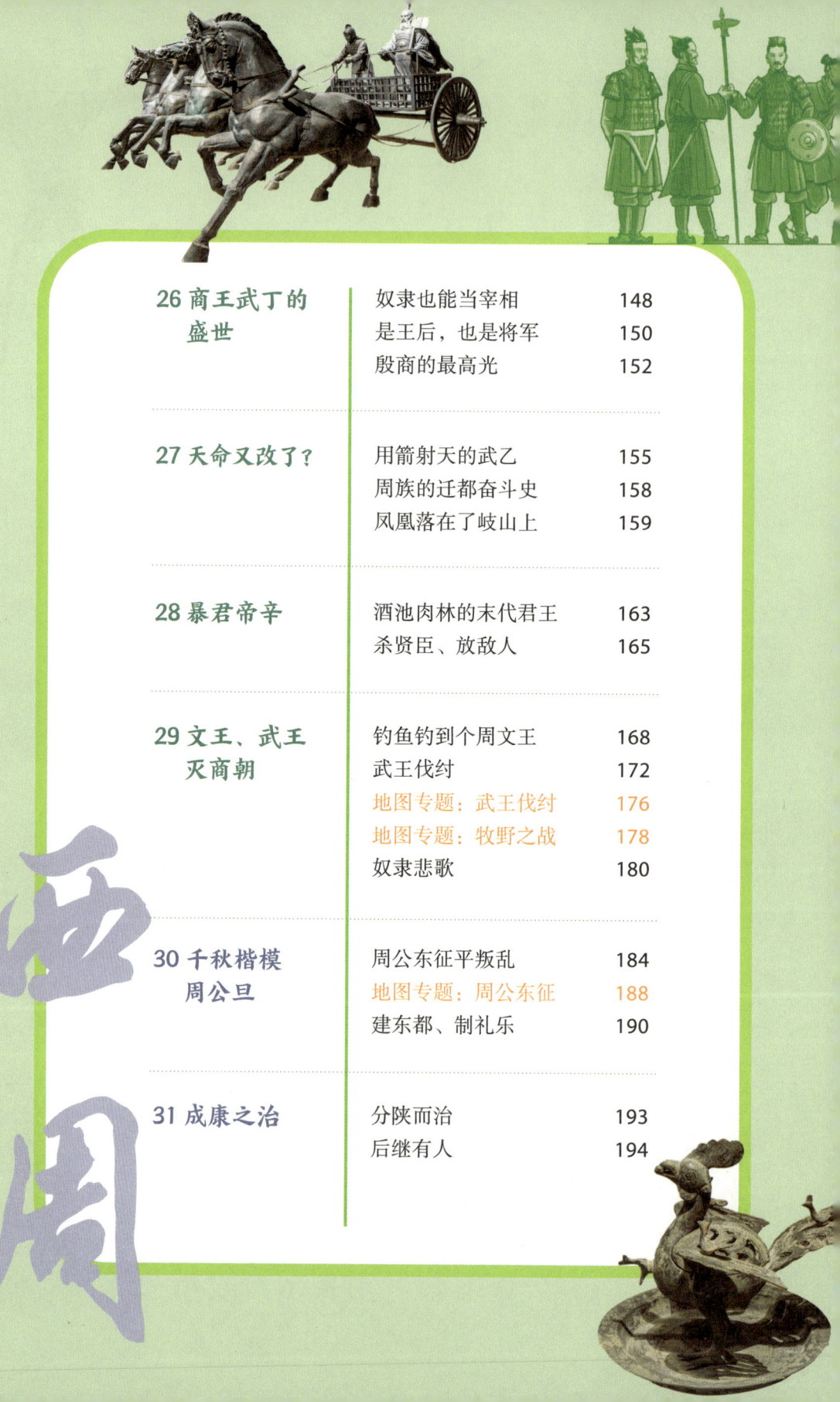

奴隶也能当宰相	148
是王后，也是将军	150
殷商的最高光	152

27 天命又改了？

用箭射天的武乙	155
周族的迁都奋斗史	158
凤凰落在了岐山上	159

28 暴君帝辛

酒池肉林的末代君王	163
杀贤臣、放敌人	165

29 文王、武王灭商朝

钓鱼钓到个周文王	168
武王伐纣	172
地图专题：武王伐纣	176
地图专题：牧野之战	178
奴隶悲歌	180

30 千秋楷模周公旦

周公东征平叛乱	184
地图专题：周公东征	188
建东都、制礼乐	190

31 成康之治

分陕而治	193
后继有人	194

西周

32 崛起的四方诸侯	姜尚兴齐	197
	伯禽安鲁	197
	改唐为晋	198
	楚国封南	199
	地图专题：周初大分封	200
33 楚国计淹昭王	伐楚爱好者周昭王	202
	昭王中计，南巡不返	203
34 爱旅游的周穆王	穆天子游记	205
	制定《吕刑》	207
35 国人赶走了周厉王	防民之口，甚于防川	208
	天子出逃，大臣行政	210
36 周宣王中兴	宣王变大雅	211
	穷兵黩武，终致败亡	213
37 "乱开玩笑"亡了国	"惹祸能手"周幽王	214
	亡国来得太突然	216
附录	先秦文学史大事年表	218

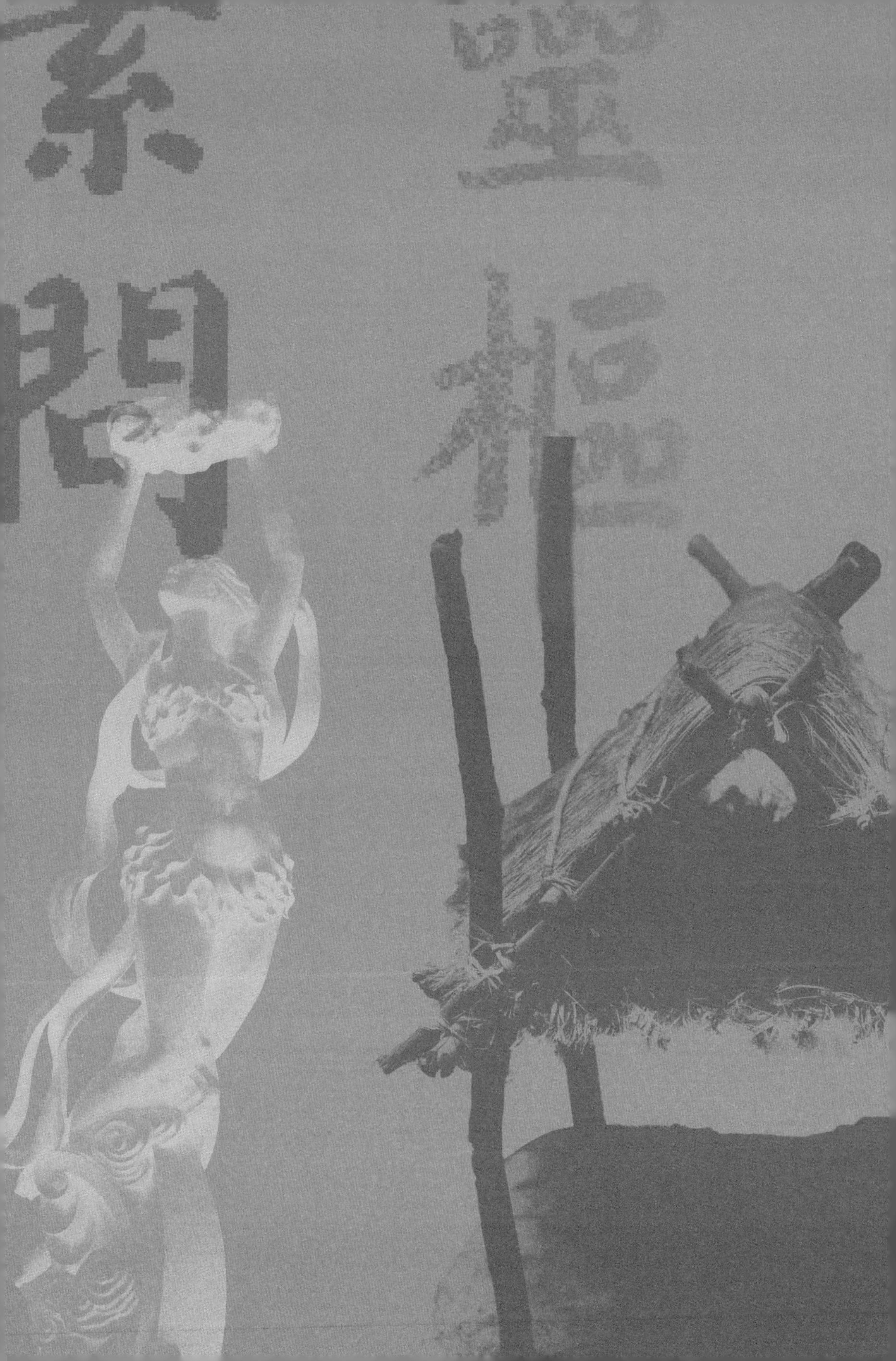
問
樞

远古神话时代

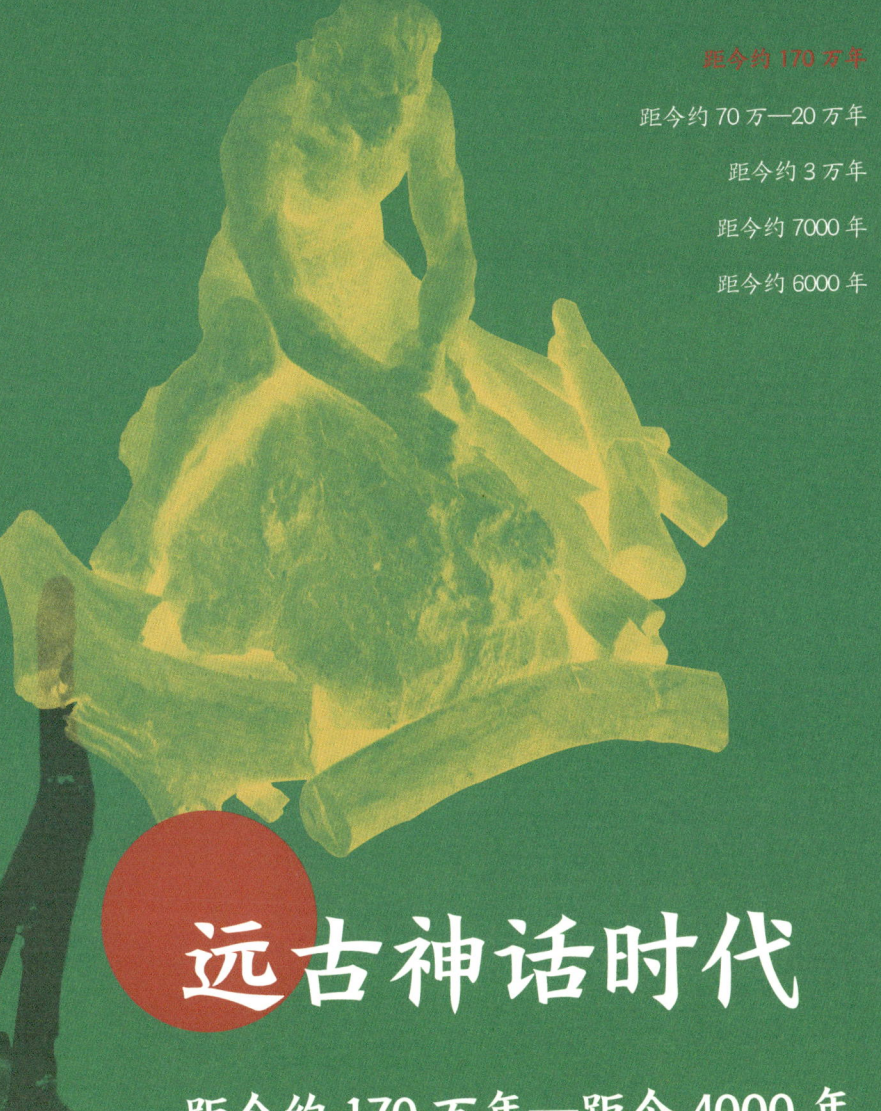

距今约 170 万年—距今 4000 年

一个民族不能自知其最古的历史，正和一个人不能自知其极小时候的情形一样。……茫昧的古史，虽然可以追溯至数千年以上，然较诸民族的缘起，则是远后的。
——吕思勉《吕著中国通史》

距今约 170 万年	元谋人
距今约 70 万—20 万年	北京人
距今约 3 万年	山顶洞人
距今约 7000 年	河姆渡文化
距今约 6000 年	半坡文化
	盘古开天地
	女娲造泥人
	有巢氏树居
	燧人氏取火
	伏羲氏造网
	神农尝百草
	炎黄战蚩尤
	刑天舞干戚
	黄帝治天下
	伶伦定音律
	仓颉造文字
	黄帝选贤良
	帝俊与羲和
	少昊设鸟官
	撞倒不周山
	多子的帝喾
	贤德的唐尧
	羲和制历法
	许由辞天下
	舜帝逐四罪
	舜帝治天下
	父子治洪水

时间　距今约300万年—距今约1万年

01 敲石头的三百万年

【关键词】元谋人、北京人、山顶洞人

几千年前，文明还不发达，当时的人没有办法通过文字把自己的故事流传下去，但他们在生活中会留下很多遗迹，比如用过的工具、吃剩的骨头，或者是房子和坟墓，这是我们了解他们的重要途径。

中国最早的猿人

我们常说中华民族有五千年的文明，这里的五千年是最近几十年的考古发现证实的。考古学家历尽千辛万苦，细细研究才得以确定，在五千多年前，长江流域和黄河流域就进入了早期文明社会，我们说长江和黄河是母亲河，是一点儿都没错的。

历史是人创造的，所以在揭开中华民族千万年的历史之前，我们得讲一讲人是什么。

人类也是一种动物，在所有动物中，人类和黑猩猩等亲缘最近，都属于人科生物。但是，在漫长的进化中，人类的脑容量越来越大，越来越聪明，手足骨骼都发生了变化、越来越灵活且适合直立，掌握的工具也越来越精致，于是人类和猩猩渐行渐远，逐渐变成了今天的样子。这个过程长达数百万年。

人类学家把早期人类漫长的进化历程，按照发展阶段分为早期猿人、晚期猿人、早期智人和晚期智人。大约在距今二十万年前，从晚期智人中分化出了现代人类。

在百万年的时间里，沧海桑田，连山河湖海都很难维持形态，更何况是原始人类的痕迹呢？所以，虽然中国可能有过很多的原始人生存，但真正能保存下来遗迹且被我们找到的简直是九牛一毛。

中国境内比较有代表性的早期人类有元谋猿人、北京猿人、山顶洞人。

元谋猿人就是元谋人。之所以称他为"猿人"，是因为元谋人还处在晚期猿人阶段。

元谋人

元谋人于1965年在中国云南元谋县被发现，他们的两枚门齿化石侥幸躲过了漫长时光的摧残。发现这两颗牙齿时，考古学家如获至宝，立即对它们进行了研究，证明了它们的主人是生活在大约一百七十万年前的原始人类。随后考古学家又在牙齿发现地发现了少量的石器以及使用火留下的痕迹，这说明元谋人应当已经能使用石器，并且有可能学会了用火。

元谋人是中国迄今发现的最早猿人化石，它证明了中国的西南地区是人类起源和演化的重要地区之一。

在元谋人发现以前，中国还有一项古人类发现，就是北京人。北京人是1927年在北京房山周口店龙骨山洞穴发现的，经过测定，

北京人

时间　距今约 300 万年—距今约 1 万年

北京人生活在距今七十万年到二十万年。北京人发现的时候，中国内忧外患，局势动荡不安，堪称无价之宝的第一个北京人头盖骨竟然在乱世中下落不明了。幸好龙骨山后续又发现了四十个以上的北京人个体，对于北京人的研究才没有中断。北京人身高大约一百五十六厘米，从骨骼特征上看已经处于一个过渡的进化阶段：他们的脑容量和头骨特征还和猿类较为接近，但他们四肢骨骼的大小、形状、比例等都基本具有了现代人类的特征。

在几十万年前，北京还不是繁华的首都，也不像今天这样干燥，那时的北京气候温暖湿润，茂密的丛林覆盖大地，剑齿虎、三门马、肿骨鹿在大地上繁衍生息，它们既是北京人的敌人，也是北京人的食物。

北京人很聪明，他们已经学会了用火，还能把石头和骨头做成工具，不过这些工具比较粗糙，也不像现在分工这么具体。更有趣的是，1966 年考古学家又发现了一个北京人的头盖骨，这个头盖骨和以前出土的头盖骨已经有了一定差别，这不是个体的差异，而是说明，北京人在漫长的岁月里，身体结构在不断地进化，越来越接近现代人类。

山顶洞人

山顶洞人的骨针等器物

原始人类生活场景

聪明的山顶洞人

就在北京人遗址问世六年后，1933年，在北京龙骨山的山顶洞穴里，又发现了远古人类的化石。虽然发现地和发现时间都和北京人极其接近，但是科学家通过碳-14法测量，这些化石是由距今一万八千年前的古人类留下的。一共有八具化石被先后发现，他们有男有女，但都有着粗壮偏长的头骨，倾斜的额部，还有高高的眉弓，他们的眼眶比较低，下巴也不像北京人那样突出，简单地说就是更好看、更有现代人的样子了。

山顶洞人的技术也比北京人更进步了，在他们的周围发现了精致的骨器、石器，还有专门用来作装饰品的石头珠子、打了孔的兽牙，这都说明，山顶洞人是多么心灵手巧。

然而无论是心灵手巧的山顶洞人，还是原始的元谋人，他们手中的工具主要还是打制石器，从这个名字就知道，这些石器是靠把坚硬的石头摔碎，从中选取形状合适的碎片做成的。我们的祖先使用了两三百万年这种石器，这段时期就被称为"旧石器时代"。旧石器时代的祖先们靠采集野果、野菜，捕鱼、打猎为生，生活条件很艰苦，寿命也远远短于现代人。

除了北京人、元谋人、山顶洞人以外，中国还发现了蓝田人、大荔人、金牛山人、马坝人、长阳人、丁村人、柳江人等旧石器时代的人类化石。

时间　距今约1万年—距今约4千年

02 石头里磨出新时代

【关键词】贾湖遗址、半坡遗址、河姆渡遗址、良渚文化

经过几百万年的摸索，人类逐渐学会了磨制精巧的石器，并且开始定居，饲养牲畜、种植作物，过上了安稳的生活。

长笛·猪骨·稻粒

旧石器时代的工具实在是太简陋了，虽然大石头可以一点点敲打成比较精美的样子，但更有可能直接被砸坏。而且，这些粗糙的石头片越来越没法满足祖先们越来越高的要求。比如，一位漂亮的女性，想把一颗好看的鹅卵石戴在身上，要怎么办？用兽皮捆会很丑，还容易掉，要是石头中间有个孔就好了！这么小的孔可没法砸出来，于是祖先们慢慢琢磨，找到了打磨这个方法。打磨不如敲打那么快，但不容易把石头弄坏，能把石头慢慢变成很多精美实用的样子。连骨头、木头也能这么修改形状。于是，磨制的石器逐渐取代了敲打而成的粗糙石器，人类手里的武器更强了。

这个更进步的时代就是新石器时代。大约一万年前，中华大地进入了新石器时代。在这个时间段，祖先们迎来了一次技术大革命。

当然，成千上万年的时光是非常残酷的，这些发起技术大革命的先辈大多没能留下任何痕迹，只有少部分遗址被考古发现。

时间比较早的是贾湖遗址，它位于河南舞阳贾湖村东部。整个遗址五万五千平方米，包括房屋、陶窑、坟墓等多种建筑，出土了数以千计的陶器、石器、骨器。这些器物上有一些分布着神秘的刻文符号，这些符号很有可能和原始文字有一定关联。贾湖遗址还出土了碳化的稻粒、粟等粮食，家猪的骨骼，以及精美绝伦、至今仍然可以演奏的骨笛，这是世界上已发现的最古老的笛子。

贾湖遗址陶器

这些发现是了不得的，说明新石器时代的祖先不仅学会了用石头、骨头制作精美的器具，还能用火把黏土烧成各种形状的陶器，用它们打水、煮饭，不必再烟熏火燎。

而猪骨和稻粒则说明，新石器时代的祖先已经不满足于在自然界中采集各类植物，而是开始有选择地种植一些好吃、高产的植物，这也就是农业的萌芽。他们也开始驯养一些动物，让它们自行繁衍，不再完全依靠打

裴李岗文化石磨盘

这套磨盘距今可能有六七千年的历史了。别看它貌不惊人，却意义非凡。正是因为发现了磨盘，专家们才顺藤摸瓜揭开了裴李岗文化的面纱。观察发现，磨盘和磨棒非常精致，磨盘底座甚至还磨出了四个小柱当腿，这意味着当时的石器制造水平已经很高。那么，磨盘是干什么用的呢？专家在磨盘上发现了很多坚果、谷物的残留，说明当时的人们已经学会加工食物，不再茹毛饮血了。

猎。可以想象一下，有了陶器，祖先们就能在屋子里保存很多很多的水，有了粮食作物，他们四处寻找野菜野果的时间大大减少，不必再每天漫山遍野地找吃的，而是能够选一个好地方安心住下来，不再于丛林山洞之间流浪。祖先们的生活条件一点一点得到改善，也就有更多的时间去研究新技术，去制造一些更大、在迁徙生活中无法携带的器具，慢慢地，人类的技术水平就越来越高了。

5 房子·陶器·纺轮

在年代略晚于贾湖遗址的半坡遗址、河姆渡遗址、良渚遗址中，人们发现，经过千百年的进一步发展，当时人的技术更加进步了。人们不再满足于简单地照料原始的作物，而是发明了耒、耜（sì）等农具，专门播种优良作物的种子，为它们除草、做养护。比如河姆渡遗址就发现了明显的人工栽培水稻的遗迹，这证明了在驯化水稻上，我们的祖先功勋卓著。

而且比起贾湖遗址，更多家养动物的骨骼出现在河姆渡遗址中，狗、水牛在那时已经成了我们祖先的好伙伴。并且，河姆渡人都不用去河边取水，他们在聚落里自己打井，这是世界上已发现的年代最早的木结构水

河姆渡猪纹陶钵

河姆渡干栏式建筑

井。河姆渡人还掌握了精湛的雕刻技巧，懂得用天然漆进行装饰。

河姆渡遗址是长江流域古文明的代表，而在母亲河黄河流域，也有着惊人的考古发现，就是半坡遗址。半坡居民的聚落遗址在陕西西安东郊被发现，时间略晚于河姆渡遗址，距今六千年左右。半坡居民的作物不是水稻，而是更适合北方生长的粟，他们的屋子里还装备了暖乎乎的灶和炕。

尤其值得一提的是半坡居民精湛的彩陶技术，他们凭着原始的设施烧制了红底黑纹的精美陶器，刻画了栩栩如生的动物图案。他们甚至用泥土烧成纺轮，这意味着，半坡居民已经不满足于用野草或兽皮蔽体，而是能从植物中提取纤维，纺线编织成更舒适的衣服。

随着技术的不断进步，人类在中华大地繁衍生息。不断壮大的一个个部落彼此接触、碰撞，形成更大的部落乃至联盟，在部落联盟的基础上又逐步发展出国家。

我们从神话中熟知的三皇五帝，就是部落时代向王朝过渡时产生的，这些上古帝王的故事，很多都记录在传说里，传说故事也因此保留了一些历史的细节。我们会从第四章开始，集中展现中国人对祖先的美好传说。

时间　距今约1万年—距今约4千年

半坡遗址房屋结构复原

半坡鱼纹彩陶钵

知识充电

良渚遗址

在浙江杭州余杭区，有一座被列入《世界遗产名录》的良渚遗址。这不是一座小小的聚落，而是让人叹为观止的城市。以莫角山为中心，总面积近300万平方米。良渚人的城市非常讲究，正中是一个十几米高、面积30多万平方米的人造高台，上面坐落着宏伟的宫城，高台之外，还有保护宫城的外郭，外郭以北又修建了绵延20多千米的山前长堤，用以防范洪水。良渚的城墙分为三层，底部是青胶泥，然后是石头地基，最后是黄土，现存城墙最高处可达四五米。很难想象，祖先们是如何用石器、骨器一下一下修筑出如此雄伟的建筑的。因为生产力的极大发展，良渚人也出现了明显的等级分层。贵族们的坟墓里有多达数十上百的精美玉器，而普通墓葬的随葬品却非常稀少。

良渚文化玉项链

03 衣服从哪里来？

【关键词】 贯头衣、纺织、衣冠起源

中华大地自古是礼仪之邦，衣冠兴盛之地。但在数万年前，原始人类穿衣服吗？衣服又是怎么来的呢？

美观又实用的发明

汉代古书《淮南子》里有一段记述，大意是第一个做衣服的人叫伯余，他用手搓麻的纤维，捻成一根根线，然后用手指编织这些麻线制成衣服，成品就和比较密的渔网差不多。是不是真有个叫伯余的人发明了衣服，已无法考证，但植物纤维的服装很可能就是这样起源的。

在发明用植物纤维编织的衣服之前，聪明的祖先们自然不会放过天然的兽皮，在旧石器时代晚期，山顶洞人遗址的骨针无疑就是祖先们可以缝制兽皮衣服的证据。

辛店文化彩陶靴

半坡陶纺轮

时间　距今约3万年—距今约4千年

在山顶洞人的遗迹中，还发现了很多带有圆孔的小石头珠子、野兽牙齿，有的出土时就排成了整齐的半圆形，并且有长期佩戴的痕迹。显然祖先们不仅有了衣服，还有了佩饰。

这些饰品有不少还用赤铁矿染过颜色，我们的祖先们真的是爱美又聪明！

那么，帽子、绑腿、袜子这些服饰是怎么出现的呢？是在衣服的基础上演化出来的吗？

其实未必，很有可能祖先们反而是从这些部件中推演出了一般的衣服。因为这些部件往往有保护生命、加强隐蔽、装饰自身的功能，所以很早就独立出现了。比如，为了增强威慑力，祖先们把兽皮鞣（róu，用鞣料使兽皮变柔软，制成皮革）制成帽子；为了防止弓弦伤害手臂，祖先们就用兽皮做成了袖套、护臂。

到了新石器时代，长江、黄河流域都出现了农业、畜牧业，这就为衣服提供了大量原料，用于纺织的简单机械也已经出现。

在仰韶文化的遗址中，还发现了一颗被割掉了一半的蚕茧，显然是被人用锋利的器具切割的，可惜只此一处，否则中国丝绸的起源就可以追溯到这一时期，这也和中国传说故事中的嫘祖养蚕取丝能够对应。

马家窑文化陶盆上的舞人

既然有了蚕丝、皮毛、麻、葛这么多材料，那么祖先们的衣服是什么款式呢？

5 土石上的"服装秀"

因为年代久远，那时候的衣服并没有保存下来，但是从中国西北地区发现的这一时期的岩画中还是能看出早期衣服的款式的。

那时候，人们穿着贯头衣，顾名思义，这种衣服就是从头套下去，不经裁剪，由大块的织物缝合而成，长度大概到膝盖，腰间应该捆着带子。

不止如此，从那个时期的陶土塑像还能看出，当时的人不止有贯头衣，还有帽子（冠）、靴子、头饰、簪头发的笄（jī）等丰富的衣服饰品。

《易经》里说的"黄帝、尧、舜垂衣裳而天下治"，是一点儿也不夸张的。

从此以后，由于社会等级的分化，一些特权者逐渐有了比百姓更精美的衣服，比如巫师、部落酋长。这种区别逐渐形成了后世的服饰制度。中国被称为"衣冠上国、礼仪之邦"，在那时就已经有了基础。

四坝文化人形彩陶罐

以上三章所讲述的，是考古发现中分析出的历史，除了这些文物以外，古人也用口耳相传的神话记录了一部分历史。从下一章起，我们会一起欣赏这些美丽的故事，思考它们传达的信息中哪些可信，哪些不可信。

时间　距今约 6 千年—距今 4 千年

04 盘古和女娲

天地混沌如鸡子，盘古生其中，万八千岁；天地开辟，阳清为天，阴浊为地。
——《三五历纪》

往古之时，四极废，九州裂，天不兼覆，地不周载……于是女娲炼五色石以补苍天。
——《淮南子·览冥训》

【人物】盘古、女娲

【事件】盘古开天辟地、女娲造人

在上古神话中，盘古是创造世界的始祖，诞生于天地混沌之时，他开天辟地，身体化为天地各物；女娲是华夏民族人文先始，补天救世、抟土造人、创造万物……

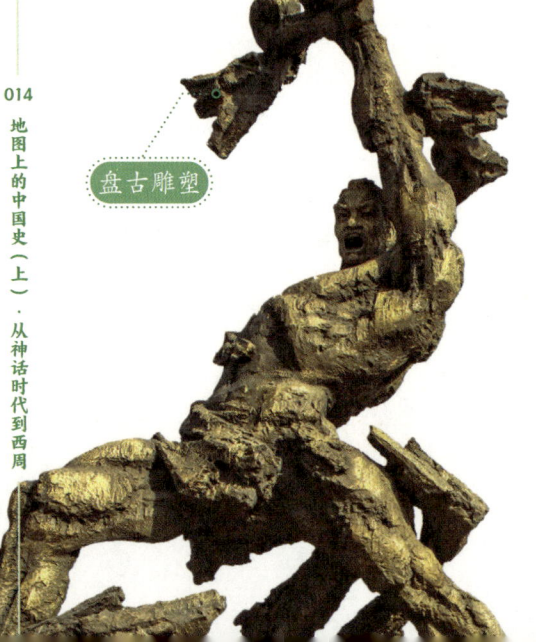

盘古开天地

古时候，人们对大自然充满了好奇。天上的白云、地上的河流、风雨雷电、日月星辰……都是怎么来的呢？于是，大家聚在一起闲聊，通过互相交流，渐渐形成了一个个传说。

传说很久很久以前，天地混沌一体，像一个巨大的蛋，里面住着一个

盘古雕塑

巫山人牙齿化石

该化石距今200余万年，在考古学上属于旧石器时代早期。"巫山人"化石的发现意义重大，它是目前东亚地区发现最早的人类化石，为我们在神话传说之外理性地探索人类起源提供了宝贵的实物资料。

叫盘古的人。他在混沌中沉睡了一万八千年，有一天，他醒来后发现眼前一片漆黑，就从混沌的深渊中变出一把神斧，向四周猛劈过去，随着一声霹雳巨响，混沌忽然破裂开来。轻而清的东西向上飘去，形成了天，重而浊的东西向下沉去，形成了地。从此，宇宙间就有了天地之分。盘古站在天地中间，不让天地重合在一起。盘古的力气很大，双臂推着天往上升，双脚踩在大地上。天每日升高一丈，地每日加厚一丈，盘古也每日长高一丈。

就这样，经过了一万八千年，天高到了极限，地也厚到了极限，天和地相距了几万里。盘古的个子长到极限，也劳累到了极限，终于，他再也支撑不住，"扑通"一声趴倒在了地上。

盘古的身体逐渐化作天地间的万物：他的左眼变成了太阳，右眼变成了月亮，手足四肢变成了高山峻岭，血液变成了大江大河，肌肉皮肤变成了土地，筋脉变成了道路，头发和胡须变成了天上的星星，汗毛变成了地上的草木，牙齿和骨头变成了岩石和金属，骨髓变成了珍珠美玉，呼出的气息变

女娲雕塑

成了风和云，发出的声音变成了雷和电，流出的汗水变成了雨水……他的精魄则变成了掌管大自然的众神。

盘古开天辟地，献出自己的一切，创造出了大自然。

人们特意建造了盘古氏墓祭奠他，后来还规定农历的十月十六日为盘古的生日。如今在湖南的一些地方，还保留着一些与之相关的纪念活动。

5 女娲造泥人

开天辟地的时候，盘古的右脑化成了女娲。她继承了盘古勇于牺牲、以身救世的精神，愿意去完成盘古没来得及完成的使命。

女娲的笑容温暖和煦、明媚动人。有一天，她在溪边喝水，看着水中自己的倒影，突然觉得非常孤独，不禁想道："众神都在天上，而地面如此辽阔，应该有许多跟我一样的生命才热闹啊！"

于是，女娲用溪水和了些黄土，照着自己的模样捏出一个可爱的泥娃娃。泥娃娃一落地便有了生命，他活蹦乱跳地朝着女娲喊："妈妈！"女娲开心极了，把这个新创造的生命叫作"人"。

她决定创造更多的人，让世间充满欢声笑语。她捏出来的那些大小泥人，都感激地喊她"妈妈"，然后高高兴兴地分散到四面八方。

史海辨真

盘古之谜

关于盘古的传说很多，本书转述的只是其中一种。也有传说认为盘古并非人形，而是龙首人身的神人。在瑶族传说中，盘古被称为"槃瓠（pán hù）""盘王"，原型是一只神犬，是瑶族的祖先。种种说法虽细节不一，但奉盘古为祖神的结论却是统一的。

捏啊捏啊，女娲没日没夜地辛勤工作。可是，大地实在太广阔了，她累得筋疲力尽也没有捏出足够多的人。怎样才能让世间到处都能看到人呢？

后来，女娲想出了一个好办法。她采来很多野草，搓成一根草绳，再蘸着和好的泥浆，用力甩向四方——顿时，数不清的泥点落在地上，变成一个个充满生命力的人，女娲终于实现了心中的愿望。可是女娲又有了担忧：人是要死亡的，死亡了一批再创造一批吗？怎样才能使他们继续生存下去呢？于是，女娲把那些小人儿分为男女，让男人和女人在一起生儿育女，传宗接代。人类便一代代自行繁衍，直到现在。

女娲造人是一个美好的神话传说，没有史实依据。根据考古学的研究，人类大约出现在三百万年以前。目前在中国土地上发现的最早人类化石，是在云南省元谋发现的元谋人，距今约有一百七十万年。也就是说，至少在一百七十万年以前，已经有人类在中国这片土地上生活。中国人的祖辈在这片土地上辛苦劳作，繁衍一代又一代子孙，同时也创造了灿烂的历史与文明。

人头形器口彩陶瓶

女娲造人，只是先民浪漫的想象，可这件陶器却是先民亲手捏出的女神。她出土于大地湾遗址，距今五千多年。她披发、齐刘海、圆鼻尖，身上绘有富有变化的弧边三角纹样，显得落落大方。在遗址的众多彩陶中只出土了这一件人形陶器，她很可能是先民模仿祖先形象塑造的女神。

时间 距今约6千年—距今4千年

05 搭"树屋"的有巢氏

> 上古之世,人民少而禽兽众,人民不胜禽兽虫蛇。有圣人作,构木为巢以避群害,而民悦之,使王天下,号之曰有巢氏。
>
> ——《韩非子·五蠹》

【人物】有巢氏

【事件】树上搭巢

起初,人类穴居野外,常受野兽侵害,有巢氏教民众构木为巢,以避野兽,从此人类才由穴居到巢居。有巢氏的伟大功绩,对中华文明的发展具有积极和深远的影响。

向鸟儿学建屋

数万年前,人类没有庇护身体的居所,跟野兽们杂居在一起,包括大象、老虎、狮子、狼……一不小心,人类就会被这些猛兽伤害。还有水里的鳄鱼,地上的蛇,甚至是一些有毒的小爬虫,都可能给人类造成致命的伤害。

由于生活环境非常艰苦,人类整天提心吊胆。有时一睁开眼睛,发现野兽就在身边,吓得连气都不敢喘。为了壮胆,人们经常聚在一起睡觉。

后来,为了躲避野兽蛇虫的侵害,人们纷纷住进山上的洞穴里。可是,洞穴里阴冷又潮湿,并且漆黑一片,行动极不方便。如果有野兽冲进来,根本无处可逃。

到底住在哪里好呢？大家想啊想啊，很久都没有想出好办法。

一天，有个人靠着大树望着天空，心想："如果能住在天上多好啊，再也不用担心被野兽咬死了！"

这时，几只小鸟在树上的巢里叽叽喳喳叫起来，此人灵机一动："对呀，我们可以像鸟儿一样搭巢住在树上！"

他"噌噌噌"地爬上树，仔细观察鸟巢，越看越觉得妙："真好！不仅地上的野兽够不到，下雨也淋不着，这不就是最好的住所嘛！"

于是，人们渐渐地学会了在树上搭巢居住。为了感谢想出这个好办法的人，大家选他为首领，都愿意服从他的指挥，并尊敬地称其为"有巢氏"，意思是"教人筑巢的人"。

树屋复原模型

> 时间　距今约6千年—距今4千年

5 从树屋到干栏式

不过，在树上栖居也有一定的危险，一不小心摔下来就会受伤。而且，人类不像猿猴那么灵巧，爬上爬下也很不方便。好在此时的人类越来越聪明，他们开始从树上迁居到地面，模仿筑巢的办法，在地上建造起坚固的房屋。这样的房屋同样能抵挡野兽的侵害，而且比在树上更安全、更舒适。

后来，人们还发明了与巢居类似的高脚建筑，即用木桩做底架，在上面铺搭木板或竹片，建造起凌空的房屋，上面住人，下面养牲畜。直到现在，在中国南方少数民族居住的某些地区，还能见到这种干栏式建筑，又称为"高栏"或"阁栏"。

原始聚落复原图

06 发明钻木取火

燧明国有大树名燧，屈盘万顷。后有圣人，游至其国，有鸟啄树，粲然火出，圣人感焉，因用小枝钻火，号燧人氏。

——《拾遗记》

【人物】燧人氏

【事件】钻木取火

远古时期，燧人氏从鸟啄燧木出现火花受到启示，折下燧木枝钻木取火，从此人类学会了人工取火，结束了茹毛饮血的历史，开创了中华文明的新纪元。

上天的恩赐——火

吃饭和睡觉一直是人类生存的根本问题。自从学会筑巢而居，人们住得舒服多了，但在吃的方面，还停留在最原始的状态。无论是树上的果子，水里的鱼虾，还是兔子、野鹿等猎物，都只有一种吃法，那就是生吃。

在我们现代人看来，吃生肉是绝大多数人不能接受的，而远古人类只会生着吃，如果吃到变质的食物，轻则上吐下泻，重则一命呜呼。

有一天，森林遭到严重的雷击，引发了一场大火，火势异常猛烈。很多野兽来不及逃跑，被火烧死了。大火燃烧了好几天，等到火势渐小，人们战战兢兢地走进森林，发现很多被火烧死的野鸡、兔子等，那些兽肉看起来黑乎乎的，但闻起来却香喷喷的，激起了人们极大的食欲。

从那以后，人们就知道用火把东西烧熟了吃，不但味道喷香，而且吃

时间　距今约6千年—距今4千年

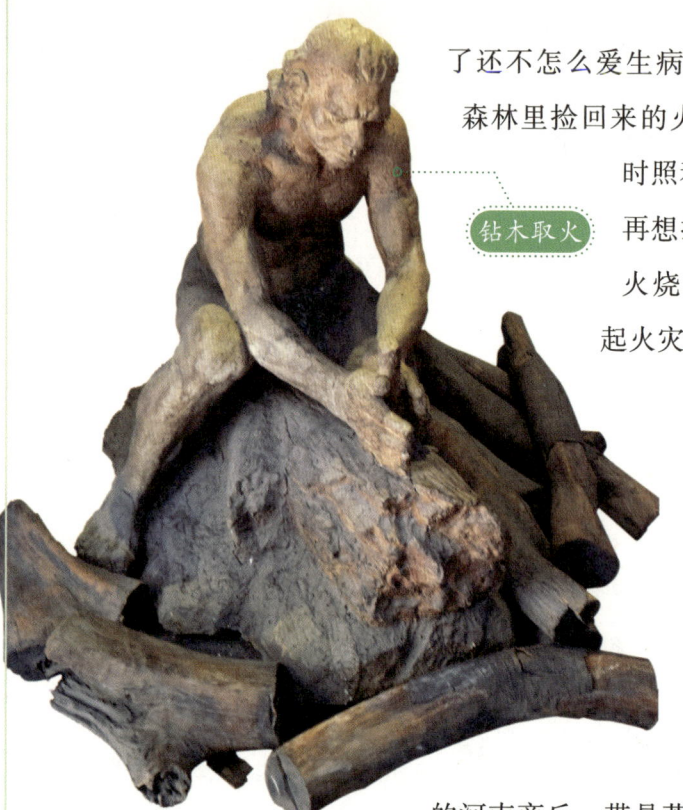

了还不怎么爱生病。但下一个问题来了：从森林里捡回来的火种，必须不停地添柴，时时照看，否则一不小心火灭了，再想找到可就难了！而且，如果火烧得太旺，又容易在周围引起火灾，实在太危险了！

钻木取火

让木头长出火苗

怎样才能方便地取用火种呢？所有人都在思考这个问题。

传说，在当时现在的河南商丘一带是茂密的大森林，森林里生长着一种参天大树，叫燧（suì）木。燧木高耸入云，顶部的树冠遮天蔽日。

有一天，不知道从哪里飞来一只大鸟，攀着一棵燧木的树干"梆梆梆"地啄个不停，被啄的地方时不时冒出火花。

这一切正巧被森林里的一个聪明人看到了。他灵机一动，折下燧木枝，捡来一些干草垫在下面，然后将一根树枝削得尖尖的，模仿大鸟的喙在另一根树枝上钻了起来。

功夫不负有心人，经过不知多少次尝试，燧木枝终于开始冒烟。又过了一会儿，干草被引燃了！天哪，竟然成功了！

他欣喜若狂，飞奔着将这个好办法告诉大家。从那以后，生火不再那么困难。人们再也不用小心翼翼地呵护火种，即使它忽然熄灭，也能很快生起另一堆火。

陶釜、陶灶

此釜灶由釜和灶两种器具组合而成。上部为釜，广口圆底，有明显的折肩，肩部装饰弦纹。下部为灶，圆口平底，底部有低矮的足钉。侧壁开一个上窄下宽的方形口，直通灶的内部。灶口处按压出波浪状花边装饰。

后来，人们在捕猎的时候发现用来击打野兽的石块撞到山石也能迸出火花，可以引燃干草搓成的火绒，于是取火的办法又多了一个。

再后来，人们学会用陶土做成储火罐，方便携带火种。而且，他们还学会把火绒装进陶罐里，经过太阳暴晒之后也能引燃。于是，陶土罐渐渐地发展成了炉灶。

人们很感谢那位教大家钻木取火的聪明人，推选他做了首领，由于钻木取火大多使用的是燧木，人们便尊称其为"燧人氏"。而以燧人氏为首的远古人类氏族部落，被后世形象地称为"燧明国"。

火的发明使人类可以创造温暖，为远古人类的聚集提供了武器和条件，也为人类群居思想的产生提供了根源。

时间　距今约6千年—距今4千年

07 炎黄氏族的崛起

> 蚩尤作乱，不用帝命。于是黄帝乃征师诸侯，与蚩尤战于涿鹿之野，遂禽杀蚩尤。
>
> ——《史记·五帝本纪》

【人物】伏羲、神农、黄帝、炎帝、蚩尤

【事件】结网捕鱼、神农尝百草、涿鹿之战

伏羲教会了人们结网捕鱼、文字记事等技能，神农为了人们的健康遍尝百草直至身死，黄帝、炎帝团结一致于涿鹿大战蚩尤，蚩尤战败，炎黄由此崛起。

大发明家伏羲氏

燧人氏去世以后，人们推选很有能力的伏羲（xī）做了天下的首领。

关于伏羲的出生有一个传说：他的母亲生活在一个叫华胥（xū）国的地方，后人称其为"华胥氏"。有一天，华胥氏沿着小路散步，被周围的美丽风景给迷住了。她越走越远，不知不觉来到了雷泽岸边。华胥氏惊奇地发现，岸边有一个巨大的脚印，要比普通人的脚印大好多好多。她探出两只脚好奇地踩上去——顿时，身体里忽地涌起一阵奇异的感觉，她吓得拔腿就往回跑。

没想到，华胥氏自此有了身孕，十二年后生下了一个蛇身人首的男婴。人们听说以后觉得非常惊奇，称这个男婴为"伏羲"，后来又拥护他担任首领。

伏羲是个非常聪明的人，平时很善于观察和思考，常帮助人们解决各种各样的问题。

当时，人们主要靠猎捕野兽来获取食物，捕鱼并不是强项。看到河里有鱼儿游过，人们就用木棍击打，或者伸手去抓，但这两种方法的成功率都很低。

伏羲心想："江河里的鱼类要比陆地上的野兽多得多，如果能经常吃到鱼，至少不会挨饿，怎样才能得到更多的鱼呢？"

他心事重重地靠着大树，想了半天也没有想出好办法。转头一瞧，忽然发现树枝上有一只蜘蛛，正在忙碌地织网。伏羲看着看着，不由得入了神。

不知道过了多久，蜘蛛织成了一张密密的网。从枝叶间洒下的阳光，映得那张蛛网闪闪发光。一只昆虫突然撞进蛛网里，不停地挣扎，可是它已被牢牢粘住，根本无力脱身，最后只能沦为蜘蛛的食物。

历代帝后像轴·伏羲

伏羲茅塞顿开，忍不住开心地叫起来："太好了！原来这样就可以啊！"

他采来很多细藤条和苇草，参照蛛网的样子，将藤条纵横交错地捆扎在一起，再捡起一根结实的长树枝，将藤网牢牢地系在上面。

举着这张稀奇古怪的藤网，伏羲兴高采烈地跑向河边。他将藤网放进河里，过一会儿再猛地提起来——哈哈，果然不出所料，藤网网住了好几

时间　距今约6千年—距今4千年

条活蹦乱跳的大鱼！

伏羲将结网捕鱼的办法教给大家，从那以后，人们捕鱼就变得容易多了。他有个手下叫句（gōu）芒，受此启发，又发明了捕鸟的罗。

伏羲还教人们把捕到的野兽圈养起来，驯养成能驮运货物的家畜。渐渐地，人们从打猎过渡到放牧，基本不用再为食物发愁。有了足以果腹的食物，伏羲开始研究烹饪之法，有效清除肉类的腥膻味道，将其做成一道道美味佳肴，后世很多人称赞他是"中国最早的烹调大师"。

伏羲是一位多才多艺的首领，不仅教会人们结网捕鱼、烹饪肉食、制造船筏，还懂得绘制八卦，制订嫁娶礼仪，制作陶埙、琴瑟等乐器，把天下治理得很好，大大改善了人们的生活。

以身试药的神农氏

细想一下，我们中国人现在的主食是什么？当然是五谷！尤其是水稻（大米）和小麦（白面），几乎每天都能在餐桌上见到。除此之外，还有各种各样营养丰富的蔬菜和水果。

那么，人们是从什么时候开始种植五谷、蔬菜和水果的呢？传说就是在伏羲的继任者——神农的时代。

神农接任了首领，自行研究出不少采集种子、播种谷物和植物的方法。他把这些方法教给大家，还发明了一些耕田的农具，帮助人们翻土耕种。

接着，神农前往各地考察土壤，教会大家按照季节去种植适合当地土壤的谷物。慢慢地，人们学会了春播、夏耘、秋收、冬藏，不用担心在寒冷的冬季缺少食物，生活也变得富足起来。

可是，有一件大事令人们非常头痛——当时的生存条件很恶劣，导致人们经常生病，被蛇虫咬伤的情况也时有发生。因为不知道怎么治疗，虽然有的人过段时间会自然痊愈，但是有的人却留下后遗症或是变成残疾，严

船型彩陶壶

船型彩陶壶属于新石器时代的仰韶文化（约前5000—前3000），1958年出土于陕西宝鸡北首岭遗址。

国宝船型彩陶壶为盛水器，器形两端如船形上扬，壶身装饰为网纹，器具设计灵感极可能来自先民收网捕鱼或晾晒渔网的情景，既是远古人民制造舟船、网具捕鱼的生动写照，又侧面佐证了传说中先民在远古时代便已使用渔网。

重的甚至危及生命。

经过深入了解，神农发现痊愈了的人里有些吃了某种植物。难道是植物的原因？他采回同样的植物，试着给有相同症状的人食用，果然很有效果！

神农喜出望外——原来世间很多植物可以用来治病！可是哪些植物适合治病？治的又是哪种病呢？神农决心走遍天下，亲自品尝各种植物，了解它们的不同作用。

他开始长途跋涉、东奔西走，每天在荒山野岭间风餐露宿，尝尽世间各种各样的植物。很多植物带有一定的毒性，神农却毫不畏惧，亲自尝试。据史料记载，他曾"一日而遇七十毒"。

神农的身上常年背着两个大口袋，一个装能治病的植物，一个装能食用的植物。传说许多治疗疾病的植物，如甘草、穿心莲等就是他发现的。传说那两个大口袋总共搜集了四万七千种可以食用的植物，还有三十九万八千种可以用来治病的植物。

神农想办法记住药草的药性，并教会人们如何对症使用。在他的不懈努力下，人们遭受疾病困扰的情况大有改善，所有人都非常感激这位默默付出的首领。在大家心中，神农就是天神一般的存在，他的形象也越传越神奇——拥有透明的腹部，透明的五脏六腑，无论吃下哪种草药，都能透过身体看得一清二楚。

有一次，神农在一棵大树旁架锅烧水，几片树叶掉下来，正巧落在锅里，顿时飘出阵阵清香。神农惊讶极了，捞起一片叶子细细品尝，这片叶子苦涩中带有丝丝甘甜，竟然有唇齿生香的感觉。喝了一些煮过叶子的水之后，神农感觉神清气爽，连日来的疲惫也消散得一干二净。

神农很喜欢这种树的叶子，给它起了个名字叫"查"，即我们现在所说的"茶"。从那以后，每次有人中毒，神农便会煮"查"解毒，往往很有效。他觉得"查"能清除人们身体里不好的东西，于是开始教大家种植"查"，让大家养成用"查"养生的好习惯。

在音乐方面，神农也拥有很高的造诣。他以伏羲制作的琴瑟为原型，创造出长三尺六寸六分的神农琴，琴上的五根弦分别叫宫、商、角（jué）、徵（zhǐ）、羽。

在他的领导与呵护之下，人们的生活渐渐好起来，家里有了充裕的粮食、兽皮等物资。粮食吃不完，兽皮穿不完，怎么办？神农鼓励大家每天中午聚集在指定的地方，开始以物换物，很像后世的集市。

有一天，神农在野外遇到一种开着黄花的草，便摘下几根品尝。哪承想，这种草含有剧毒，神农来不及给自己解毒，便倒在地上死去了。

大家非常伤心，聚集在一起哀悼这位杰出的首领。后来，人们将那种毒草命名为"断肠草"，并将神农奉为药王神，为他建起药王庙。至今，人们还传说川、鄂、陕交界之地即是当年神农尝百草的地方，因此将此地命名为"神农架"。

神农雕塑

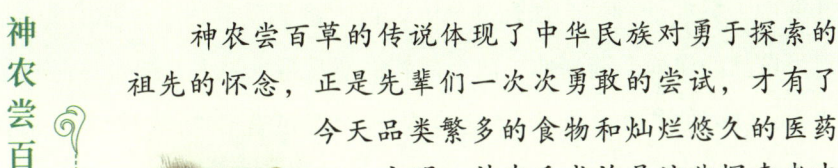

史海辨真

神农尝百草

神农尝百草的传说体现了中华民族对勇于探索的祖先的怀念,正是先辈们一次次勇敢的尝试,才有了今天品类繁多的食物和灿烂悠久的医药文明。神农氏或许是这些探索者中最杰出的一位,但不可能独揽辨别植物的功劳。在旧石器时代的遗迹中,考古学家就发现了朴树种子、碳化稻谷,这些都证明了利用植物是一个漫长而又艰难的过程。

炎黄合力战蚩尤

在神农的领导下,大家的生活越来越好。然而,有些部落很不安分,时不时地挑起事端,抢占土地和物资。

部族之间的斗争给人民的生活带来深重的灾难,百姓陷入战乱之中。而神农年事已高,又一直忙于造福天下苍生,奔走在山野间识别百草,没有精力去阻止部族之间的混战。

当时的西部地区,即现在的陕西境内,有两个非常大的部族,一个是生活在姬水附近的姬姓部族,一个是生活在姜水附近的姜姓部族。两个部族初期相处得非常融洽,姬姓女子会嫁到姜姓部族,姜姓女子也会嫁到姬姓部族。

后来,姬、姜两大部族人口越来越多,住的地方越来越拥挤,原有的地盘逐渐容纳不下,而黄河又经常泛滥,给姬水、姜水流域的人们造成很大伤害。由此,姬、姜两大部族决定向东迁徙,去寻找更加适合居住的地方。

姜姓部族先经过现在的陕西北部,渡过黄河,到达山西南部,后来又继续向东北方向迁移,进入河北境内。姬姓部族顺着渭水东下,沿着黄河南岸向东，到达现在的河南境内。

迁徙中，只要遇到适合居住的地方，两大部族就会留下一些成员定居，将其划为自己的属地。渐渐地，两个部族的地盘越来越大，遍布黄河两岸。

姬姓部族的首领带领大家发展农产，将粮食作物从神农氏驯化的"黍、稷"推广到"黍、稷、菽、麦、稻"五谷，建有土德之功，由于土是黄色的，所以被尊称为"黄帝"；姜姓部族的首领因为建有火德之功，火是红色的，所以被尊称为"炎帝"。

姬姓和姜姓部族本来就有亲缘，而黄帝和炎帝更是兄弟，两人都是首领少典的儿子。各自做了首领以后，由于领地纠纷，兄弟之情变得越来越淡薄，后来竟变成了两大对立势力。随着势力范围扩大，炎帝部族和其他部族的矛盾也越来越深。由于炎帝实力强大、性情暴烈，受到侵凌的部族纷纷来归附黄帝。黄帝顺承民意，出兵和炎帝在阪泉交战，大战三次之后炎帝才算服气，和黄帝组成了联盟，这就是炎黄联盟。

当时，除了炎黄兄弟俩，还有一股不小的势力，即"九黎"部族。九黎的首领叫"蚩（chī）尤"，传说九黎部族在蚩尤的带领下已经掌握了炼铜技术，手中装备着铜制的锋利武器。蚩尤手下更是有八十一个兄弟，个个勇猛好斗，擅长使用锋利的武器。

装备精良的蚩尤野心勃勃，一心想把全天下据为己有。他首先率领部族一路北上，去抢夺炎帝的地盘。炎帝奋力抵挡，最后退守山东曲阜（fù）。蚩尤却不肯罢休，在后面紧追不舍。炎帝没有办法，被逼得退到黄帝的地盘——涿（zhuō）鹿。

看到自己的地盘被占领，炎帝不得已向黄帝求援。兄弟俩虽然时有纷争，但终究是一脉相承，面对外敌时当即决定一起抵御。

蚩尤仗着人多势众，根本没把黄帝放在眼里，主动发起一场猛烈的进攻。面对勇猛的九黎部族，黄帝率领着以熊、罴（pí）、貔（pí）、貅（xiū）、貙（chū）、虎等为图腾的各大氏族，一边奋勇迎战，一边利用地形优势，在河流上筑坝蓄水，以水阻碍蚩尤的攻势。

鱼鸟纹彩陶壶

鱼鸟纹彩陶壶，属于仰韶文化（约前5000—前3000），1958年出土于陕西宝鸡北首岭遗址。

鱼鸟纹彩陶壶的壶身绘有首尾相逐、环绕一周的精美鱼鸟纹，生动地描绘了一只长颈长喙的水鸟衔住一尾游鱼的景象。这些纹样不仅是有很高审美价值的艺术品，更是借助鱼、鸟争斗隐喻了上古部族争斗的情况。如同黄帝麾下的熊、罴、貔、貅、䝙、虎，鱼和鸟代表两个以此为图腾的部族，显然鸟部族已占上风。

两军对战初期，遇到浓雾、大风和暴雨等恶劣天气，蚩尤一族本就生活在多雨多雾地区，恶劣天气对他们影响很小，在战场上越战越勇。黄帝部族却被糟糕的天气折磨得苦不堪言，在战场上屡屡获败。

好不容易等到恶劣天气结束，天空放晴，黄帝本想发起攻势，哪承想又来一场狂风。狂暴的大风刮得天昏地暗，持续了整整三天三夜。黄帝的队伍被吹得晕头转向，分不清东南西北，无法得知敌人的正确方向，蚩尤却如有神助，继续猛攻猛打。

危急之中，黄帝并没有惊慌失措，而是灵机一动，命大臣风后发明了指南车，车上有一个伸着手臂始终指向南方的小人。指南车制成后，黄帝命人在车旁吹着号角，敲着战鼓，以小人的手臂给主力部队指明进攻的方向。霎时间，黄帝军中鼓声咚咚、旌旗猎猎，将士们士气高涨、队形整齐地向前杀去。

蚩尤不知道黄帝如何从大风中脱困，还以为天兵天将降下凡尘，一下子乱了方寸，队形被冲得七零八落，八十一个兄弟也被打得节节败退。黄帝乘胜追击，在冀州一举擒杀蚩尤，九黎部族的扩张彻底失败。战后，九黎部族有些人归顺了黄帝，有些人迁居南方，成为现在南方苗族和瑶族的祖先。

地图专题

涿鹿之战

本　　质：中华各族在壮大过程中的一次交锋。

作战双方：炎黄领导的部落联盟；蚩尤领导的九黎等部落。

背　　景：远古人类在中华大地繁衍生息，族群不断壮大，领地不断扩张，众多部落参与的联盟和战争开始出现。

透过地图说历史：

炎黄和蚩尤的神话有众多版本，比较主流的说法是蚩尤是九黎族的首领，九黎又称为"黎"，共有九个部落，每个部落又有九个氏族，蚩尤传说中的八十一个兄弟也就是九黎八十一氏族的拟人化。

九黎是东夷的一部分，在古代，人们习惯把东方的少数民族统称为东夷。九黎部落懂得用铜制作兵器，装备水平很高。凭着精良的装备，最初蚩尤曾赶走炎帝登上霸主之位，不过后来又被炎黄联盟在涿鹿打败。战败后的九黎分成数个部分，一部分在北方建立了黎国，一部分并入华夏族，黎民百姓这个成语中的黎民就来自九黎，他们如今已经是中华民族的一部分了。还有一部分九黎部落退到南方的江汉流域，也就是后来的三苗部落。

这场影响深远的大战距今已五千年左右了，理性地来看，大战的本质应该是发源于中华大地不同方位的人们，随着人口增长、文明进步而产生的大规模迁徙和碰撞，战争中神异的情节多半是先民在史实基础上神化的产物，其中风雨大作、洪水横流而后突然转晴的情节，有可能是先民对当时冰川融化停止、海平面降低的古老记忆。

涿鹿之战

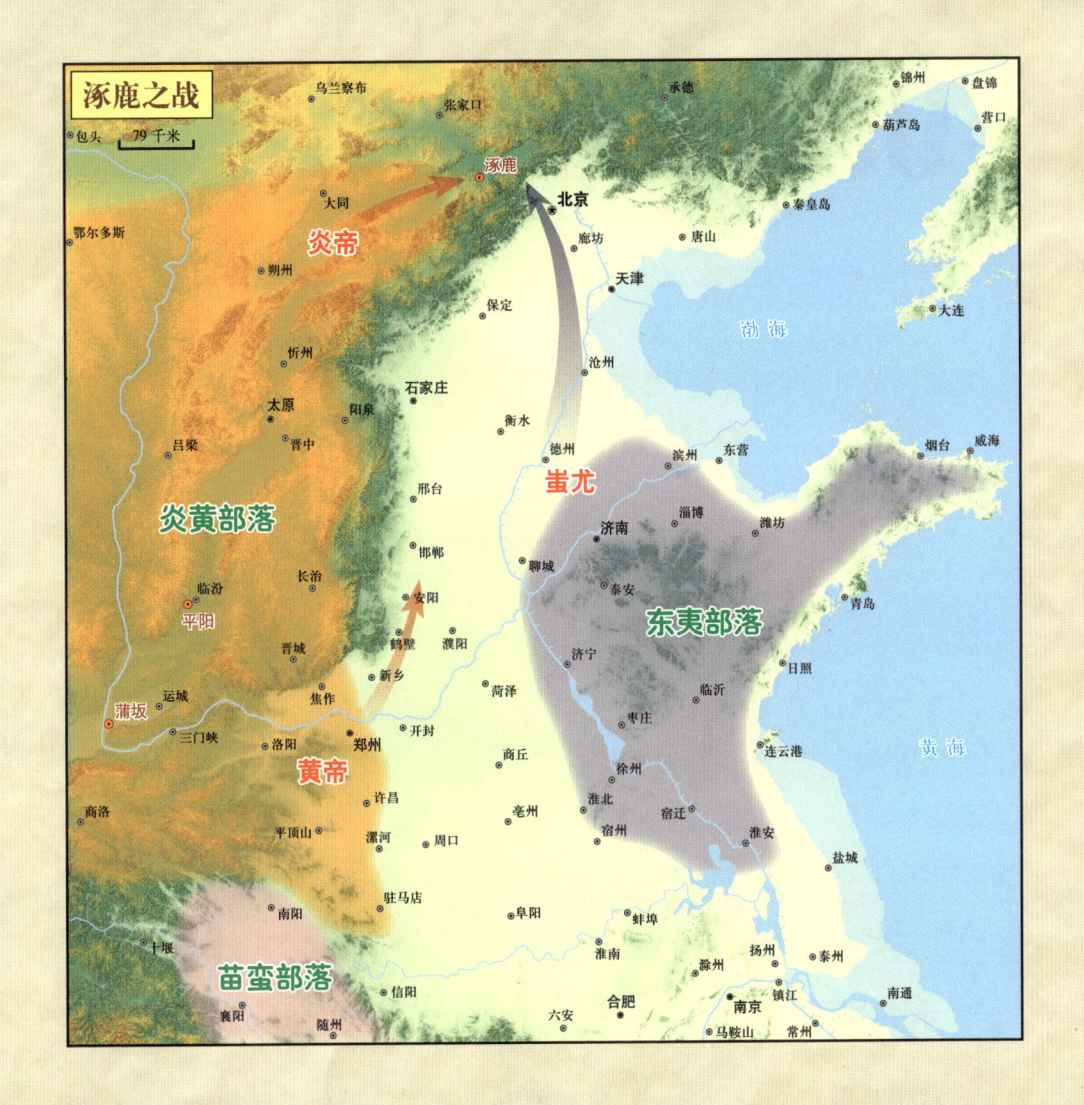

由于这是本书第一个地图专题，我们也简单说说书中的地图。本书花花绿绿的地图不仅给古代战争确定了方位，地图的色彩本身也有含义：颜色的明暗变化对应着地势海拔的高低起伏，黄绿色的是平原，淡绿色的是丘陵、山川，黄色和棕色是高原、高山，深浅不同的蓝色则表示着河流和海洋。在山川河流之间分布的文字和点则是地名的标注，本书地图中，古代的地名一般为彩色，现代的地名一般为黑色，读者可以对比序言后的图例，那里详细规定了文字和符号的含义。地图左上还有一段比例尺，感兴趣的读者可以据此换算地图上任意两点间的距离。

08 初定华夏

> 昔者黄帝合鬼神于泰山之上，驾象车而六蛟龙，毕方并辖，蚩尤居前，风伯进扫，雨师洒道，虎狼在前，鬼神在后，腾蛇伏地，凤皇覆上，大合鬼神，作为清角。
>
> ——《韩非子·十过》

【人物】刑天、黄帝、夔

【事件】刑天舞干戚、黄帝巡四方

涿鹿之战后，天下初定，各地还潜藏着叛乱的苗头。为威慑各部，黄帝巡视各地，去泰山封禅，捕获夔做成军鼓震慑敌人，从此各部安分守己，中原及其四方趋于安定。

永不屈服的刑天

黄帝打败蚩尤以后，长江流域的其他部族纷纷前来归顺。大家推举黄帝做了天下的首领，黄帝率领部下继续向东扩张，在泰山举行了封禅仪式。从那以后，去泰山封禅便成为每个天子登基后的一桩夙愿。

传说为了团结众部族，黄帝融合各个部族的图腾特征，创造出一个角似鹿、头似驼、眼似兔、项似蛇、腹似蜃、鳞似鱼、爪似鹰、掌似虎、耳似牛的新图腾，并将其命名为"龙"——中华民族因此自称"龙的传人"。

经过阪泉、涿鹿两战以后，炎帝率领族人散居各地，过着安居乐业的生活，不再参与战事纷争。然而，他的一些部下很不甘心，总想着找机会

商代妇好墓玉戚

玉戚,是古代的一种兵器,形似斧,后来实用功能减弱,逐渐演化为一种礼器。通过商代妇好墓中的玉戚形制,我们仍能想象上古时代刑天操干戚而舞的风采。

红山文化玉龙

红山文化玉龙是新石器时代岫玉,出土于内蒙古赤峰市翁牛特旗赛沁塔拉嘎查。

红山玉龙呈钩曲形,墨绿色,岫玉质地,横截面为椭圆形,直径2.3～2.9厘米。该龙口闭吻长,鼻端前突,上翘起棱,端面截平,有并排两个鼻孔,颈上有长毛,尾部尖收而上卷,形体酷似甲骨文中的"龙"字。红山玉龙的发现,证实了最初的龙图腾并非今日的样子,对于研究龙形发展的序列有非比寻常的意义。

报仇雪恨,夺回原来的地盘。这些部下里最激进的就是刑天。

传说刑天是个力大无穷的巨人,阪泉大战失败以后,他不能接受炎帝一方处处受限,不仅不能随意开发土地,还时常遭受别人的讥讽,觉得倍受屈辱,总想去找黄帝决一死战。他多次请求炎帝允许自己率领军队一雪前耻,炎帝却不想再大动干戈。

有一天,黄帝外出巡游,视察农作物种植情况,途中恰好经过刑天管理的地方——机会来了!刑天右手拿戚(qī,大斧),左手握干(gān,盾牌),怒气冲冲地奔上前去。

他控诉着心中的不满,扬言一定要杀了黄帝报仇雪恨。黄帝又惊又

> **知识充电**
>
> **刑天的含义**
>
> 刑天其实并不是神话中这位无头勇士的名字。在古代，"刑"是割、刈的意思。至于"天"字，一部分人认为是"颠"的误读，颠就是人的额头，也有人认为是误写的"天"字，天就是天残的意思。两种说法的主旨很统一——"刑天"不是人名，而是被损害的身体的意思。

怒，觉得对方以下犯上、不敬天威，于是提起宝剑和刑天厮杀起来。二人你来我往斗了多个回合，难解难分，直打得天昏地暗。

打到常羊山附近后，黄帝趁刑天防备不严，一下子砍掉了刑天的头。但没了头的刑天没有死，他蹲下身子四处乱摸，想找回自己的脑袋。为了阻止刑天，黄帝把刑天的头颅深葬在常羊山中。

失去了头颅，刑天的胸中燃起熊熊怒火，他用两个乳头当眼睛，用肚脐当嘴巴，仍然挥舞着干和戚，不肯向黄帝屈服！

刑天虽然失败了，但他一往无前的斗志却感染了一代代中华儿女。多年以后，诗人陶渊明写下"刑天舞干戚，猛志固常在"，即是赞美刑天顽强不屈、永不妥协的抗争精神。

5 黄帝巡游的大排场

每每想起以下犯上的刑天，黄帝总会心有余悸。当时天下初定，各地可能还潜藏着叛乱的苗头，一时半会儿无法平息；蚩尤的残部也不甘心，时不时偷袭边境，时刻准备掀起一场恶战。

黄帝为此非常烦忧，虽然他的麾下既有以熊、罴、貔、貅、䝙、虎等为图腾的各大氏族，本族人又懂得驯服之术，可以组建所向披靡的猛兽军团；但是军队耗资颇大，不可能日常集结，更不可频繁动用。思来想去，黄帝觉得关键是威慑众人，让人们心存敬畏，再不敢以下犯上挑起事端。

为此，黄帝命令风后等大臣商量如何威震天下，不久，他们果真商量出一个办法。按照巫师的指示，经过一番精心准备，黄帝挑选吉时，率领队伍去了泰山封禅。

传说，黄帝封禅队伍的先锋由蚩尤旧部组成，他们手握兵器，雄赳赳气昂昂地走在前面；扮成"风伯"和"雨师"的队伍紧跟其后，"风伯"负责清扫路面，"雨师"负责洒水，以免尘土飞扬；然后是被驯服的猛兽队伍，它们看上去比蚩尤旧部还要威风许多。

马家窑文化青铜刀

别看它简陋，这可是当之无愧的中华第一刀！是中国发现最早的冶铸青铜器。铜刀出土于中国的甘肃地区，在出土遗址中，考古学家还发现了铜渣。这都说明当时中国已经存在冶炼铸铜的活动。而铜刀和骨刀非常类似的造型，也说明了铜器和骨器的过渡过程。

中外对比

约公元前3500年，中国人掌握了冶炼铜的方法，铜器开始逐步取代石器，石器时代开始走向尾声。

约公元前3500年到公元前3000年，两河流域的城邦逐渐形成。就是在这里孕育了四大文明古国中的古巴比伦。

时间　距今约6千年—距今4千年

接下来，黄帝乘坐的大战车——象车轰然出场！六条神骏非凡的蛟龙牵引着战车。战车形制轩昂，轩辕上装饰着代表"火"的纹样。神鸟毕方在上方守护，一支乐队紧跟在战车后方，吹奏着激昂有力的《清角》。天上地下还围绕着腾云吐雾的螣蛇与羽色艳丽的凤凰……

经过这次隆重盛大的巡视活动，黄帝的威严遍传海内，其天下共主的地位被各个部族公认，那些蠢蠢欲动的部族深知自己不是黄帝的对手，从此不敢轻举妄动，天下安定了许多。

黄帝深刻体会到封禅的威慑作用，可是举行封禅需要耗费很多人力和物力，有什么既简单又威力十足的方式可以代替封禅呢？黄帝思索了好多天都没有头绪。

有一天，黄帝出去打猎，忽然看到森林里奔出一头巨大的"牛"，这"牛"皮毛发青，头上无角，身上只长了一条

历代帝王圣贤名臣大儒遗像·黄帝

史海辨真

夔一足

夔是古代神话中的神兽，关于它的形态争议颇多。《山海经》认为夔苍身无角，形似牛而一足，即如本文所述。而《说文解字》认为夔是一种鬼神，如龙，一足，有角、手而人面。更有趣的是舜帝的一个大臣也叫夔，是管理音乐教化的乐正，有"夔一足"的美誉，这可不是说他只有一只脚，而是夔太优秀了，有一个就足够了。

腿。仔细一看，原来是传说中的"夔"（kuí）！夔只是看起来比较像牛，其实并不是牛，而是一种珍稀的神兽——它的眼睛能发出一道道闪光，如同日月一般明亮，它的吼声犹如滚滚惊雷，如果它出入水中，必然会掀起一场狂风暴雨。

黄帝喜出望外，心想若能发出夔吼一样的声音，不就能威慑天下了吗？他赶紧命人捕捉夔，费了好一番功夫，才捕获了这头巨兽。

黄帝把夔的皮取下来，制成一面大鼓，将夔的骨制成了鼓槌。用这柄鼓槌一敲，大鼓便发出一阵隆隆巨响，声音能传到五百里外。

黄帝高兴极了，每次出行都会带着这面大鼓，讨伐叛乱部族时，就用高亢激昂的击鼓声作为进攻的号令。听到雷鸣般的鼓声，许多部族吓得心惊胆战，哪里还有胆量对战？很快，这面夔皮大鼓成了黄帝威震四海、统领八方的重要武器。

马家窑文化彩陶手鼓

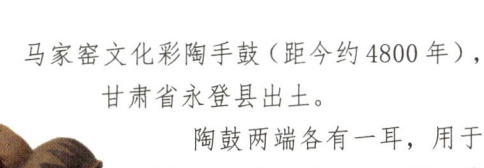

马家窑文化彩陶手鼓（距今约4800年），甘肃省永登县出土。

陶鼓两端各有一耳，用于系绳，一端为喇叭口，另一端为罐形口，喇叭口外有六个爪突，用于固定鼓面，想必是用紧绷的兽皮做鼓面。马家窑手鼓的出土虽不能证实声闻五百里的夔皮鼓确实存在，却证实了先民以兽皮为鼓的真实性。

时间　距今约6千年—距今4千年

09 黄帝时代的文明大爆发

> 黄帝之史仓颉，见鸟兽蹄迒之迹，知分理之可相别异也，初造书契。百工以乂，万品以察……
>
> ——《说文解字》

【人物】黄帝、伶伦、仓颉、风后、力牧

【事件】伶伦制音、仓颉造字、广招贤能

黄帝在位期间，令伶伦制音律、仓颉造字，广纳贤能之人，制衣冠、建舟车、作《黄帝内经》等，生产、生活方面都取得了突破性进展，开创了中华文明。

传说中的音乐家伶伦

黄帝时期已经有了一些音乐，但非常单调，而且一般人根本不会弹奏。人们在日常生活中大多用木棒、竹棍敲击瓦罐、石器、皮鼓等来充当"打击乐"。这些"打击乐"虽然声音单调呕哑，却能起到很重要的作用，比如在交战时鼓舞士气，庆功时相互助兴，闲暇时陶冶性情。黄帝看在眼里，心中思量如何发展音乐，教化百姓。为此黄帝找来伶伦，把创制乐律的任务交给了他。

伶伦点头领命，其实他的名字叫"伦"，"伶"是他的职务，就是乐官的意思。伶伦亲自挑选了几个有才华的乐师，背着行囊，带着武器和工具，一路跋山涉水来到昆仑山的北面，准备在这儿寻找制作乐器的材料。毕竟，要先找到合意的乐器才能弄清声音的阶调。

究竟什么材料适合做乐器呢?大家各有想法,互相争论不休,谁也说服不了谁。于是,伶伦让他们各自选取喜欢的材料。

第二天,有的乐师拿来叶子,有的拿来树枝,有的拿来石块,有的拿来动物骨骼……然后开始自行加工,制造出一堆稀奇古怪的乐器。

一一品鉴后,伶伦觉得竹管的声音最为清脆悦耳、千变万化。于是,大家一致决定用竹管造乐器。

乐师们在一个叫"嶰(xiè)溪"的山谷砍回一捆捆的竹子,选择粗细适中、腔壁薄厚均匀的部分,从竹节处斩断,截成一根根三寸九分长的竹管。伶伦试着吹了一下,竹管发出悠扬悦耳的声音,他高兴极了,给那个音调取名为"黄钟之宫"。

竹管吹出的声音虽然好听,可吹成曲调却不容易——太单调了。于是,伶伦又废寝忘食地琢磨丰富竹管阶调的办法。终于,功夫不负有心人,他发现同样粗细的竹管,如果长短不同,发出的声音高低便不同。那么如果用长短有规律的竹管互相配合,是不是就可以吹出丰富的曲调了?

经过反复试验,伶伦以那根三寸九分长的竹管为标准,按照"三分损益"的原则,精心打造出好多竹管,长短不一的竹管果然发出了不同音高的美妙声音。可是,新的问题来了,怎样确定它们发声的音律呢?

伶伦决定去大自然中寻找灵感,他坐在大树下闭上眼睛,静静地聆听……

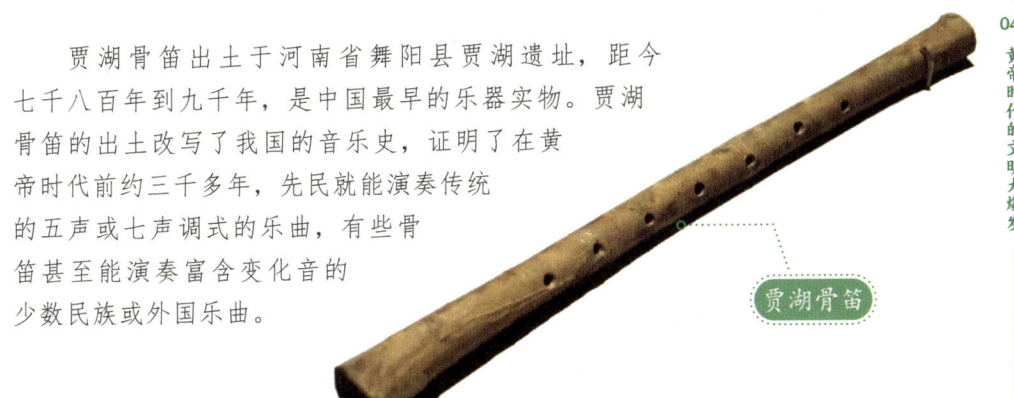

贾湖骨笛出土于河南省舞阳县贾湖遗址,距今七千八百年到九千年,是中国最早的乐器实物。贾湖骨笛的出土改写了我国的音乐史,证明了在黄帝时代前约三千多年,先民就能演奏传统的五声或七声调式的乐曲,有些骨笛甚至能演奏富含变化音的少数民族或外国乐曲。

贾湖骨笛

时 间　距今约 6 千年—距今 4 千年

　　微风拂面，鸟儿啁啾（zhōu jiū），伶伦听着听着，不知不觉睡着了。

　　在梦中，伶伦听到一阵阵美妙的声音，灵感在脑中呼之欲出。伶伦大喜，猛然从梦中醒来——原来，树上停着一对美丽的凤凰，梦中听到的声音就是它们的鸣叫。青山绿水之间，凤鸣婉转悠扬、空谷回响。

　　伶伦情不自禁地拿起竹管，模仿凤凰的叫声吹了起来，他越吹越顺畅、越吹越动听。从那天起，伶伦每天都来听凤凰的鸣叫，他发现雄鸟的声音激越高昂，有六种动听的音调，雌鸟的声音轻柔绵长，也有六种奇妙的变化，双方配合非常默契。

　　经过长时间的细心揣摩，伶伦根据凤凰鸣声的十二个音调，反复调试竹管尺寸，整理出十二个音律，这十二个音律将神农创造的宫、商、角、徵、羽进一步细化，使人们更容易谱出美妙的乐曲。

　　就这样，伶伦为中华民族进一步打开了音乐的大门，人们徜徉在美妙的乐曲中，身心愉悦。

　　黄帝听了非常高兴，又命令乐师容将与伶伦一起，按照十二个音律铸造十二座编钟，以对应十二个月份。伶伦还创作出一支恢宏的乐曲，取名

刻符陶尊

　　这件丑萌的陶尊为何能成为国宝呢？仔细看，它的胸口刻着一个奇怪的符号，这可能是正在衍化中的文字。而且是距今四千年到六千五百年的大汶口文化的文字！

《咸池》。后来，每当仲春的月份，乙卯之日，人们就演奏起这支恢宏的曲子，音乐逐渐成了礼制的一部分。

人们为了纪念伶伦的功劳，将他尊为"乐祖"。

5 从足迹中发明文字

即使在茹毛饮血时期，人们也需要记录些东西。那时候别说纸笔，就连文字也没有，大家就想出用绳结记事的办法。结绳记事可不是随便找根绳子系些疙瘩了事，为了记录复杂事件，人们把绳按颜色、材质、粗细、横竖、主次做了细致区分，用不同的绳子配合不同类型的系法组成较多词汇，词汇串起来就可以完整有效地记事。

然而，绳结也有不便的地方，它复杂笨重，不易制作、查阅，也不易保存。

后来，伏羲发明了八卦，让人们学着用八卦记事。八卦的组成元素只有两种，一种是一根连贯的横线，叫阳爻（yáo），像一根没打结的绳子；另一种是一根中间断开的横线，叫阴爻，像一根打了结的绳子。三根爻两两组合，可以组成八种图案，八种图案再互相组合就可以表达更复杂的意思。不过，这种记录非常复杂，一般人都看不懂。

于是，黄帝叫来史官仓颉（jié），让他想个好办法，把记事变简单一些。

仓颉从小就聪慧过人，独创了很多符号，

历代帝王圣贤名臣大儒遗像·仓颉

时间　距今约 6 千年—距今 4 千年

贾湖契刻

贾湖契刻是在河南贾湖遗址中出土的龟甲上契刻的符号，距今已有 8000 多年。贾湖契刻共发现 17 例，分别刻在甲、骨、石、陶器上。这些符号具有多笔组成的结构，应该是契刻者有意识刻画的。有些符号和甲骨文的"目"字、"日"字等形状相似。贾湖契刻虽不能确证为文字，但它们的出土填补了甲骨文以前我国文字的空白，也从侧面印证了仓颉时代造字的可能性。

记录下很多事情。接到任务以后，他想来想去，觉得还是符号比较容易普及，决心创造出一套能够表达具体和抽象事物的符号。

为了获得灵感，仓颉每天旰（gàn）食宵衣，前往田间、山峦、岸边去仔细观察世间万物，观察它们的形状、动态和与众不同的特点。无论是月亮的圆缺、高山的走向、太阳的起落、野兽的足迹、飞鸟的姿态，抑或是人类世界的喜怒哀乐、春种秋收、动土造屋、祭祀嫁娶，凡是眼睛能看到的事物，仓颉都认真仔细地观察。经过琢磨，他在脑海中创造出一个又一个抽象的符号，并将它们命名为"文字"。

这套文字有的与物品形状相似，有的高度还原生活中的常见事件，简单易学、方便好记。人们学会以后，既可以记录每天发生的事情，表达所思所想，又可以用文字交流沟通。

从那以后，黄帝用文字下达命令、管理下属；史官用文字记录发生过的重要事件，不用担心遗忘……人们的生活变得更加丰富多彩。

据说，文字发明以后，天地为之色变，出现了"天雨粟，鬼夜哭"的奇特现象。

总而言之，由于仓颉创造出文字，我们才有可能以文字记载历史，才得以传承祖辈的知识经验，逐渐积累了灿烂的文明。

史海辨真

文字发明

从理性角度来看，雨粟和鬼哭多半是古人缺乏科学常识的臆想。"天雨粟"可能是龙卷风将甲地的谷物卷上天，于乙地落下；"鬼夜哭"则可能是某种动物在夜里的鸣叫。但从浪漫主义的角度来理解，这其实也是古人对文字价值的讴歌，因为文字使人类掌握了文明的钥匙，令天地无法隐藏秘密，令鬼怪无从遁形。

做梦也不忘求贤

随着管辖的地域越来越广阔，管理的人口越来越多，黄帝需要处理的事务也越来越烦琐，每天忙得应接不暇。黄帝很希望有贤能之人来辅助自己，便派人守在各个主要路口，只要发现品行高尚、才能出众的人，就立刻将其请来。可是一段时间过去了，始终没有发现合意之人，黄帝非常忧虑。

俗话说："日有所思，夜有所梦。"这天，黄帝做了一个梦：大风将尘垢全都吹走了，天下变得清净明亮，有个人扬着千斤重的鞭子，赶着一眼望不到边的羊群。

黄帝醒来暗自琢磨："'风'就像发布命令的人，'垢'字去掉'土'，还剩'后'，难道是有个叫'风后'的人吗？另一个人能扬起那么重的鞭子，说明他有能力；能放牧数不清的羊，是不是表示他可以管理百姓？难道他是叫'力牧'吗？"

时间　距今约 6 千年—距今 4 千年

蛋壳陶高柄杯

他越想越觉得神奇，认为这是上天谕示将要给自己送来两位贤良之才。黄帝兴致勃勃地去占卜，接连两次得到的都是吉兆，卜辞说："风后在海，力牧于泽。"

黄帝立即派出两支队伍，一队朝着大海的方向，一队朝着大泽的方向。两支队伍真的在海滨找到风后，在大泽边找到力牧。黄帝早早得到了消息，高兴地亲自出门迎接，并对二人委以重任。

风后和力牧没有辜负期望，将一应事务处理得井井有条，还设法寻访到更多的人才。渐渐地，部落里形成了一个等级明晰、分工明确、行事有效的管理机构。

这些贤能之士中陆续出现了很多发明家，比如制定历法的容成，他总结一年中寒暑时节的变化、日月星辰运行的规律，教会人们如何按照这些变化和规律进行农业生产；比如发明衣裳的胡曹，他教人们衣着得体，不再披树叶和兽皮；比如擅长制作陶器的宁封，他将自己制陶的经验传给千家万户；比如制作凿石的雍父，他研制出了舂米用的杵和臼，教会百姓舂谷去皮、煮米为饭。

黄帝时期的文明大爆发是否夸张呢？从这个 4000 多岁的小杯子可以看出一点门道。它通高 22 厘米，外表黝黑，最大的特点就是薄如蛋壳，硬如陶瓷。最薄处仅有 0.2～0.3 毫米！而且，这件看似一体的陶器其实是分成数个部分制作，最后才黏合烧成的，若没有高超的技巧和分工配合，是绝对无法完成的。

当时的医学也得到了很大的发展。神医俞跗（fū）擅长外科手术，据说能"割皮解肌，洗涤五脏"。治疗简单疾病时，俞跗一不用针，二不用灸，三不用药，四不用酒，只需驱除人身上使其得病的"气"即可。

除了俞跗，传说黄帝时代还有雷公和岐伯两位名医。雷公擅长针灸，精于人体经络，著有《内外术经》；岐伯擅长辨别百草药性，治病时对症下药，药到病除，著有经方《本草》《素问》，他教导民众要懂得及时避让四时不正之气，抛却杂念、思想娴静，这样才能调和自身正气，达到养生的目的。

由于黄帝求贤若渴，在他的统治下，百官兢兢业业、尽职尽责，民众安居乐业、安宁祥和，其他方国也纷纷前来归附纳贡。

晚年时期，黄帝命人在荆山下铸造一口大铜鼎，以示自己治理天下的功绩。传说鼎制成的那天，天上飞来一条龙迎接黄帝升天。黄帝骑龙而上，贴身随从等七十多人也攀附着龙体，一起"登龙升仙"。

为了纪念黄帝，人们将那片飞升之地称为"鼎湖"。鼎湖在哪里呢？有人说在河南省灵宝市，也有人说在浙江省缙云县。

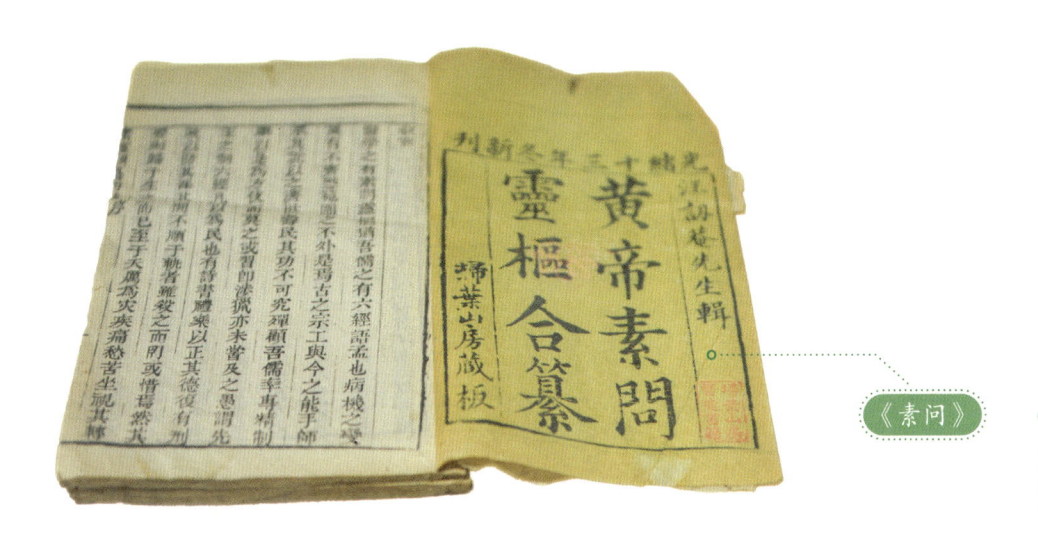

《素问》

《素问》是我国中医的重要典籍，因为形式是黄帝与岐伯的问答，故名《素问》，与《黄帝内经灵枢》（即《灵枢经》）为姊妹篇，合之而为《黄帝内经》。《素问》其实并非一人一时之作，只是托名于岐伯，全书主要部分应形成于战国至东汉时期。虽然岐伯和黄帝的医学理论未能以文字形式流传下来，但他们的重大贡献却被口口相传，至今人们仍把中医称为"岐黄之术"。

时间　距今约6千年—距今4千年

10 《山海经》里的伟大首领

> 有女子名曰羲和，方日浴于甘渊。羲和者，帝俊之妻，生十日。
> ——《山海经·大荒南经》

> 有女子方浴月。帝俊妻常羲，生月十有二，此始浴之。
> ——《山海经·大荒西经》

【人物】帝俊、羲和

【事件】羲和浴日、巡游九州

羲和是中国上古神话中的太阳女神与制定时历的女神，作为帝俊的妻子之一，每天为十个太阳沐浴，并驾驶龙车，安排他们轮流巡游天空。

谜一样的帝俊一家

据《山海经》等古籍记载，除了黄帝和炎帝，上古时期还有一位伟大的首领，名叫"帝俊（qūn）"。帝俊有好几个妻子，分别是娥皇、常羲和

成语典故

补天浴日　指女娲炼五色石补天和羲和为太阳洗澡两个神话故事，后用来比喻人有战胜自然的能力，也形容伟大的功业。

楚帛书（图案复原图）

楚帛书于 1942 年 9 月在湖南长沙子弹库楚墓被盗掘出土，后流往海外，现存于华盛顿赛克勒美术馆。帛书长 38.76 厘米，宽 47 厘米。帛书中间为文字，四周绘有 12 个怪异神像，四角绘有用青红白黑四色描绘的树木。楚帛书记载了楚地流传的神话传说和风俗，还包含阴阳五行、天人感应等方面的思想，具有重要的史料价值。在楚帛书中，帝俊是司掌日月的神。

羲和。帝俊的部族很兴旺，他的子孙创建了很多大大小小的国度，这些国度里还出现了后羿那样伟大的英雄。

帝俊的妻子羲和出生于东南海之外、甘水之间，那里有一个美丽的羲和国。好山好水造就了羲和的美貌、勤劳和智慧，帝俊非常爱这位妻子，特地将"汤谷"（即旸谷）送给她与孩子们居住。汤谷中有一棵大树，名字叫扶桑，是帝俊和羲和的儿子们沐浴的地方。

帝俊的十个儿子长得与众不同——他们是十只能发出金色温暖光芒的太阳神鸟。神鸟如果蜷起身体，就像十个巨大的火球，高大的扶桑树是他们平时的栖息之所。这些太阳儿子每天都要由羲和为他们沐浴，称为"浴日"。帝俊和常羲还有十二个女儿，她们是十二个美丽的月亮。

5 巡视大地，划分昼夜

因为太阳能给大地带来光明与温暖，帝俊便让儿子们轮流到天上值班，羲和负责监督，免得有人偷懒。太阳儿子每天在咸池中沐浴，在扶桑

时间　距今约 6 千年—距今 4 千年

未解之谜

帝俊之谜

虽然《山海经》和《楚帛书》都对帝俊及其部族做了介绍，并赋予帝俊崇高的地位，但是，帝俊在现传神话中出场并不多，他的妻子娥皇、羲和、常羲及部下后羿等人也在其他神话中有不同的身份。这是为什么呢？有些学者认为，这可能是上古部族间的征服和融合导致的，作为被融合者，帝俊部族的血脉融入中华民族，神话则以新的形式被传承下来……

上栖息，九个待在下面，执勤的那一个会在扶桑树枝头等着乘坐母亲赶来的太阳车——到了这个时辰，太阳刚刚露出微光，可以称为"晨明"，意思是"将明"。

羲和驾驶着六条龙牵引的太阳车，按照固定的路线奔驰在穹宇之上，向着西方缓慢前进，这条路便是天衢。太阳车到达曲阿山时天刚刚亮，称为"旦明"。紧接着，太阳车依次经过曾泉、桑野、隅中，到达昆吾山的时候太阳车处在天穹正中，此时便是正午，太阳当空照耀着世间万物。接下来，太阳车又经鸟次山、悲谷、女纪、渊虞、连石……天色渐渐暗下来，驶到悲泉的时候，距离扶桑树已经很近很近，羲和不再驾车，太阳儿子下了车，自行赶到虞渊（又名禺谷）——这时已是黄昏，再走一程，天色便完全黑下来，称作"定昏"。

这一路上，太阳要经历九州七舍，行程不知多少万里。由于帝俊严格要求十个儿子每天按时出发，地上的人们就逐渐学会了随太阳车行驶的轨迹有规律地安排自己的生活：太阳车刚上路，人们相约走出家门，各自劳作；太阳车驶到中途，人们陆续回到家里午休；太阳车驶到悲泉，家家户户冒出袅袅炊烟；太阳回到家以后，收起光芒，痛痛快快地洗澡，人们也随之进入甜美的梦乡……

11 用鸟当官名的少昊

> 我高祖少皞挚之立也,凤鸟适至,故纪于鸟,为鸟师而鸟名。
> ——《左传·昭公十七年》

【人物】黄帝、少昊、颛顼

【事件】以鸟为名

少昊因出生和成为首领时均出现凤凰,故将凤鸟作为图腾,以鸟命名官名,管理其所辖二十四个氏族部落。

用百鸟当官名

黄帝飞升以后,长子少昊成为新的首领。少昊又叫少皞(hào),居住于"穷桑"(今山东曲阜一带),因此又被称为"穷桑帝"。

当时,人们相信大自然中的物象与本氏族有着特别的关系,因此有时以自然界的物象来为官员命名,比如动物、植物、风、云、水、火等。据说当年炎帝成为首领的时候,他的氏族崇拜火,因此以"火"作为官名,春官叫"大火氏",

历代帝王圣贤名臣大儒遗像·少昊

时间　距今约6千年—距今4千年

夏官叫"鹑火氏",秋官叫"西火氏",冬官叫"北火氏",中官叫"中火氏"。黄帝成为首领的时候,有五彩云出现,黄帝认为自己得了云彩的祥瑞,因此以"云"纪事,春官叫"青云氏",夏官叫"缙云"氏,秋官叫"白云氏",冬官叫"黑云氏",中官叫"黄云氏"。

少昊出生的时候,空中有五只凤凰盘旋,颜色正好为五方之色:红、黄、青、白、玄;成为首领的时候,又有凤凰飞来,于是他将凤鸟作为图腾,所有官名都与鸟有关,管辖的二十四个氏族部落也以鸟为名。

如五个历官:掌管天文历法的历正为"凤鸟氏",掌管春分、秋分的司分为"玄鸟氏",掌管夏至、冬至的司至为"伯劳氏(伯赵氏)",掌管立春、立夏的司启为"青鸟氏",掌管立秋、立冬的司闭为"丹鸟氏"。

又如五个执事官:管理民众的司徒为"祝鸠(jiū)氏",管理军事的司马为"雎(jū)鸠氏",管理工程的司空为"鸤(shī)鸠氏",负责抓捕盗贼的司寇为"鹖(shuāng)鸠氏",负责农事的司事为"鹘(gǔ)鸠氏"。为什么都用"鸠"命名呢?因为这些主政大官都要"鸠民",意思是聚集民众。

5 少昊的社会大分工

少昊还设立了"工正"与"农正",分别管理手工业和农业,社会生产开始有了明确的分工。

主管手工业的工正为"五雉(zhì)",因为要"雉民",意思是均衡度量、便利民众:木工正为"鹴(zūn)雉氏",陶工正为"鶌

五凤铜熏炉

未解之谜

少昊之谜

在历史上，少昊的身份是一个谜，《汉书·律历志》认为少昊是黄帝的长子青阳，所以黄帝次子昌意的儿子颛顼是他的侄儿。但《史记·五帝本纪》中既未提少昊是青阳，更未提少昊在黄帝和颛顼之间治理天下的事，反而认为青阳没有登上首领之位，是他的孙子帝喾（kù）当上了首领。《山海经》中少昊则更像是一位独立的氏族领袖，对颛顼有教育之恩。真相只能有待更多文献和考古资料揭开了。

（zī）雉氏"，金工正为"䳒雉氏"，皮工正为"鹠（xī）雉氏"，染工正为"翚（huī）雉氏"。

主管农业的农正为"九扈"（《尔雅》中把扈解作"鳸"，是一种农桑候鸟），因为要"扈民"，意思是教育民众：负责耕种的为"春扈氏"，负责除草的为"夏扈氏"，负责收获的为"秋扈氏"，负责盖藏的为"冬扈氏"，负责果树的为"棘扈氏"，负责白天为民驱鸟的为"行扈氏"，负责夜间驱兽的为"宵扈氏"，负责为蚕驱雀的为"桑扈氏"，负责麦收的为"老扈氏"。

由于官吏设置合理，在少昊的管理下，天下各处俱是一派欣欣向荣的景象，老百姓民风淳朴，国家秩序井然，各种祥瑞现象纷纷出现。

看到民众安居乐业，少昊觉得非常欣慰。为了后继有人，他请侄子颛顼（zhuān xū）来帮自己料理政务。

颛顼也是个贤德之人，每件事都处理得非常出色。少昊非常高兴，还亲自教颛顼学习音乐，因为美妙的音乐有助于保持高尚的情操，砥砺自身的贤德。

时间　距今约 6 千年—距今 4 千年

12 永远倒下的"不周山"

乃命重黎，绝地天通，罔有降格。
——《尚书·吕刑》

【人物】颛顼、重黎、共工

【事件】绝地天通、制定祭祀制度

颛顼治理天下时，发现很多人沉迷于祭祀而荒废了生产，便命重黎阻断天地之间的通道以使人神不扰、各得其序。共工将仅存的通道不周山撞毁后，颛顼制定了规范的祭祀制度。

颛顼平叛乱

少昊虽然是一位很有政绩的首领，但年老力衰后统治有些力不从心。在少昊统治末期，天下又祸乱频仍，九黎部族频繁骚扰边境。

少昊统领部族八十四年，活了一百多岁。他去世以后，颛顼成为部族首领。

颛顼才华出众，又在帝少昊处受到过良好教育，见多识广，性格沉稳而有谋略。他沉着地治理混乱的天下，发掘人才，处理政务，按照天时规划生产和军事活动，

历代帝王圣贤名臣大儒遗像·颛顼

使国家又逐渐强大起来。不仅九黎不敢侵犯，还开疆扩土，掌管了北至幽陵、南至交趾、西至流沙、东至蟠木的庞大疆域。

切断天地通路

混乱平息之后，还有一件事令百姓非常苦恼，那就是当时人神两界相通，各路鬼神常常干涉人间，很多人沉迷祭祀，既荒废了生产又浪费了财物。颛顼深切地感受到人和神混在一起很不利于百姓的生活，遂下定决心阻断天地之间的通道，也就是"绝地天通"。

为此，颛顼给重黎下发任务，命他带人将原本能贯通天地的昆仑山、登葆（bǎo）山、肇（zhào）山、建木等通路一一断绝。通道少了，鬼神和人类杂处的情况得以改善，渐渐地天地间只有被称为天柱的不周山还沟通着天上与人间。

雄伟的不周山也没能矗立太久，颛顼统治期间，一个叫共工的人不满颛顼的统治起兵造反，打算和颛顼争夺帝位。据说共工是炎帝的后人，本领很强，骁勇无比，他和颛顼展开了一场旷日弥久的大战。不知斗了多久，共工败下阵来，脾气倔强的他宁死也不肯屈服，愤怒地朝不周山撞

史海辨真

绝地天通

不周山的故事中，颛顼命重黎切断天地通道一事的确有些荒诞，但颛顼等古代君王着手管理民间祭祀行为，设立掌天地四时之官的事可信度却很高。绝地天通可能更多的是一种神异浪漫的说法，其实质是君权对神权的制衡，是统治者对祭祀活动的有效管控。

去。这一撞真是天地为之变色，不周山轰然折断，天因为失去支撑向西北倾倒，大地的东南方塌陷下去。所以日月星辰从此都向西运行，江河湖泊纷纷东流入海。

不周山断了，神和人的通道也完全断绝了，颛顼终于实现了绝地天通的愿望，开始着手整治人间奢靡混乱的祭祀制度。颛顼定下祭祀的规矩，并亲身示范，详细规定了祭祀的人员、地点、时节、礼仪、祭品，禁止民间淫祀行为，还设立了五官，各司其序。

从那以后，关于神的记载越来越少，人们把更多的时间和精力用于农业与手工业生产，生活变得越来越富足。

明　山海百灵图卷（节选）

在《山海经·大荒西经》里，古人详细记述了不周山所处的神奇世界，那里充满了奇山异水，山水间分布着数不清的珍禽异兽、神灵以及国家。

奇闻逸事

产翁制

在原始社会，有一种产妇下田劳动、男人坐月子的"产翁制"，如今在一些少数民族和外国的原始部落中依然存在。

13 多子多福的帝喾

> 殷契,母曰简狄,有娀氏之女,为帝喾次妃。
> ——《史记·殷本纪》
>
> 周后稷,名弃。其母有邰氏女,曰姜原。姜原为帝喾元妃。
> ——《史记·周本纪》

【人物】帝喾、契、弃、实沈

【事件】玄鸟生商、无父被弃、参商离别

帝喾是五帝中的守成之君,也是传奇父亲。他的两个儿子契和弃分别开启了中国史上的一个朝代,帝喾因此被奉为商周共祖。

帝喾继位

颛顼去世以后,姬俊成为部落联盟的大首领,姬俊是黄帝的曾孙,是颛顼的侄子。姬俊出生于高辛(今河南省商丘市睢阳区高辛镇),因而称为"高辛氏"。他在五岁时被封为"辛侯",十五岁时已经颇有才干,开始辅佐颛顼管理政事,三十岁时颛顼去世,姬俊继承大首领之位,被尊称为"帝喾"。

帝喾管理天下的时候,基本没有什么大规模的动荡和战争,老百姓的生活水平在不断提高。帝喾是个很有个人魅力的大首领,他头脑敏锐、明察秋毫,乐于把恩惠施给百姓,自己不贪图享受。因为帝喾性格温和,

时间 距今约 6 千年—距今 4 千年

陶塑孕妇像

陶塑孕妇像于 1982 年出土于辽宁喀喇沁左翼蒙古族自治县东山嘴遗址，残高 5～6.8 厘米，年代可能在公元前 3500 年左右，被称为"东方维纳斯"。陶塑隆起的腹部与肥大的臀部表现出明显的孕妇特征，属于祈求生育的"女神"崇拜物，反映了在死亡率较高的远古时期，人们渴望氏族繁衍壮大的愿望。

既有领导者的威严，又有父兄般的仁慈之心，处理政务不偏不倚，从无私心，所以但凡日月照耀、风雨能及的地方，全都归顺于他。

帝喾是一位多子的首领，几位妃子所生的儿子都不是泛泛之辈，最有名气的要数挚、弃（后稷）、契（xiè）、放勋。这四个儿子都有统御之才，这令他倍感自豪。

挚在帝喾死后继位，也就是帝挚，然而他没能做好首领的工作，被弟弟放勋取代。放勋就是尧帝，他的故事后面会详细介绍，这里不再赘述。

5 亲兄弟，死对头

契的出生颇为神异，据说他的母亲简狄与妹妹在野外沐浴时，有两只玄鸟飞过，落下一粒五色彩卵，两人争抢时简狄不小心吞下，后来怀孕生下了契。因为"卵"就是"子"，契便以"子"为姓，契后来被封到商地，就是商朝的祖先。这就是"天命玄鸟，降而生商"的故事。

帝喾的另一个孩子弃的出生也充满了神异色彩。弃的母亲叫姜嫄（yuán），姜嫄到郊外游玩时，发现一个巨大的脚印，她好奇地踩上去，结果回去就怀孕了。生下儿子以后，姜嫄怕帝喾生疑，就将婴儿偷偷扔到荒郊野岭。没想到，小婴儿命不该绝，先后扔了三次都没死，帝喾知道以后，认为这是天意，便将孩子抱回来，取名为"弃"，就是抛弃的意思。弃长大后表现出种植百谷的才能，在稷山当了农官，更名为"后稷"，别姓姬氏，也就是周朝的祖先。他教民耕种，深受百姓爱戴，被尊为"稷王"（或农神）。

孩子多了，彼此就难免有矛盾，帝喾的孩子也是如此。这两个孩子年长的叫阏（è）伯（即契），年幼的叫实沈，他俩自小就常起争执，后来竟发展到兵戈相向、互相征伐的地步。为了避免兄弟相残，帝喾将阏伯迁到商丘。命他在东方祭祀商星，将实沈封于大夏，命他在西方祭祀参（shēn）星。商丘和大夏距离非常遥远，帝喾希望借此能够避免两个儿子发生冲突。

历代帝王圣贤名臣大儒遗像·帝喾

成语典故

动如参商

阏伯和实沈关系不好，连带他们主祭的星也"关系不佳"。每天夜里参星出西方，商星出东方，二星此出彼没，绝不同时在天空中出现。诗人杜甫见此非常感慨，写下"人生不相见，动如参与商"的句子，诗句流传开来，人们就用"动如参商"比喻别后再难重逢。

虽然实沈的后事不知如何，但契一脉却传承下来，帝喾的苦心大抵实现了，多子多福的他不仅成了五帝之一，还成了商周两朝的共祖。

14 贤君唐尧

> 帝挚立，不善，崩，而弟放勋立，是为帝尧。……乃命羲、和，敬顺昊天，数法日月星辰，敬授民时。
>
> ——《史记·五帝本纪》

【人物】帝挚、尧、羲氏家族、和氏家族、许由

【事件】尧帝贤政、羲和制历、许由洗耳

尧帝接受兄长禅让做首领后，听取民众意见、任用贤能之人、制定国家制度。命"羲和"制定四季历法，使百姓按时耕种生产。年老后，尧多方探察请求让位于许由，许由却避世推辞。

贤明的唐尧

帝喾管理天下很多年，去世后，他的长子挚成为新的首领，即"帝挚"。帝挚不喜政事，几年后心生烦意，便让十三岁的弟弟放勋来辅助自己，并将他封为陶侯，两年后又改封放勋为唐侯。由于先后受封于陶、唐两地，放勋又被称为"陶唐氏"。

放勋的母亲是陈锋氏部落伊耆侯的女儿，名叫庆都。传说放勋出生那年，天上经常出现金黄色的云。有一天，庆都出门去河边游玩，忽然见到一条赤龙从天而降，飞掠而起的劲风吹到身上，她觉得心中有感随即受孕生下了放勋。

放勋少年有为，受封之后将唐地（在今山西省临汾市）治理得井井有条，他的名声很快传遍了天下，各方诸侯都很佩服他，表示愿意与他结交。

帝挚自知比不上这位才能出众的弟弟，便和群臣商议，心甘情愿地将首领之位让给了放勋。

放勋认为这是上天的旨意，就接受兄长的禅让，做了天下的首领，由于他治理有功，人们在他去世后给他取了谥号为"尧"。

尧做首领的时候只有二十岁，传说他面貌神异，眉毛有好几种颜色，人称"尧眉八彩"。

当时，尧管理的天下还没有形成基本的国家制度，仅仅是部落联盟，很不利于统一管理。为了建立一套大家都能听从和遵守的基本制度，尧每天都跟百姓在一起，席地而坐，住茅草屋，穿粗布衣，喝野菜汤，随时收集各方意见。

尧的住所一点儿也不难找，因为他根本没时间打理茅草房，房顶的茅草乱七八糟，支撑的橡木也没有经过砍削和打磨，显得非常粗糙。

历代帝后像轴·尧

知识充电

谥号

谥号是君主制时代帝王、贵族、大臣等死后，依其生前事迹所给予的称号，作为一种文化现象，谥号曾广泛通行于汉字文化圈。谥号的确定有一套特有的章法，被称为"谥法"。按照评价的性质，谥号分为"美谥""平谥""恶谥"，"尧"就是典型的美谥。

时间　距今约6千年—距今4千年

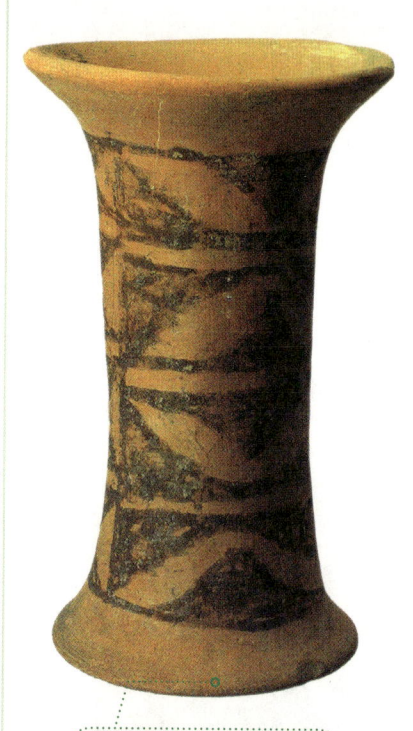

新石器时代　仰韶文化彩陶器座

这件有五千年以上历史的、纹饰精致的彩陶器座并不是古人用的凳子，它尺寸很小，不能坐人。其真正的作用是摆在地上，用来抬高碗、钵一类的器皿。为什么需要这种器具呢？因为上古没有椅子，上自帝尧下至百姓，都是席地而坐就餐的，吃口菜都要弯腰，很不方便。

虽然住所简陋，尧却在住所门前精心设立了一面"欲谏之鼓"，无论是谁，只要有什么意见或建议，随时可以敲鼓，尧听到后会立即出来认真倾听，据说后世衙门前放置的"鸣冤鼓"就起源于尧设立的这面欲谏之鼓。

积累了大量的民众意见之后，尧敦睦亲族、教化百姓，最终令各方部落心悦诚服。他还按照职能分类任用一批官员，建立起一套比较成熟的制度。尧知道自己的才能有限，于是经常到穷乡僻壤、山野之间寻访贤能之人，同时察访自己管理天下的成效。

每次听说有德行高尚、才能超群之人，尧都会恭恭敬敬，以年轻人对待长者、徒弟对待师父的礼节前去拜访，并向对方求教。

在尧的治理下，百姓安居乐业，天下局势大好，周围部落纷纷前来归顺。

测定历法的两大家族

在尧帝统治的时代，部落中的人们已经发现了一年中节气变化和日月星辰的运行有规律性的联系，但这其中的关系具体是什么，谁也说不确切。

由于不懂得历法，大家每天稀里糊涂地过日子，说不清什么时候是新年的开始，什么时候白天最长，什么时候白天最短，什么时候白天与黑夜各占一半，只是凭着经验春种秋收。由于时节掌握不准，有的人家延误播种，收成很差，有的人家没有按时收获，结果拖到多雨时节，导致多日辛劳毁于一旦。

为了教会百姓按时劳作，尧帝命令"羲和"观察天象变化、日月运转和节气演变的关系，精心制定出一年四季的历法，并教会人们如何按照历法进行农业耕种。

这里说的"羲和"可不是那位浴日的太阳妈妈，而是羲氏家族与和氏家族的统称。这两大家族一直担任祭祀天地、观测天象的职务，积累了丰富的物候知识。接到尧的命令以后，两家以最快的速度，选出学识最渊博、身体最健壮的人，做好了一切准备，分赴偏远清静的地方观测、考察天象和物候规律。

羲氏家族派出了羲仲与羲叔，和氏家族派出了和仲与和叔，四人分头完成使命。

羲仲一路向东去了旸谷，那里三面环海、四季分明，是太阳升起的地方。他忠心耿耿，每天早晨像一尊石像般站在山坡上细心观察日出的时间、星辰的位次、天象变化，同时记下不同天象对花草树木的影响。

日复一日，年复一年，羲仲将观察到的太阳变化记载下来，然后经过分析，依据昼夜相平、黄昏时朱雀七宿中的鸟宿见于南方正中作为依据，确定了仲春（春分）日。人们据此在春分时节分散于田间劳作，鸟兽也多在此时交尾繁殖。

羲叔去了南方一个叫明都的地方，他每天恭恭敬敬地观察日出日落及星辰出现的位次。他总结记录下来的资料，以白昼最长、苍龙七宿中的火宿于初昏现于南方作为依据，确定了仲夏（夏至）。在夏至时老弱妇孺都到田间帮壮丁做农活，由于天气炎热，鸟兽的毛变得逐渐稀疏。

和仲去了西边一个叫昧谷的地方，他每天兢兢业业地观察日出的时间、星辰的位次，确定天气由热转冷、白昼与黑夜时间相等的那一天为仲秋（秋分），并发现那一天玄武七宿中的虚宿于初昏时现于南方正中。人

时间 　距今约 6 千年—距今 4 千年

们在秋分时节忙于田间收成，鸟兽毛羽茂盛可以取用。

和叔去了北方一个叫幽都的地方，每天废寝忘食地观察日出的时间、星辰的位次，确定白昼最短的那一天为仲冬（冬至），这一天朱雀七宿中的昴（mǎo）宿在初昏时见于南方正中。冬至时人们都躲在家里取暖，鸟兽为了御寒，生出细软的绒毛。

四人经过不懈的努力，归纳汇总各自的研究成果，终于制定出一部历法：确定一年为三百六十六天，又把月亮圆缺的一个周期定为一个月，把一年分为十二个月；由于这部历法一年三百六十六天的计算结果比实际的一年要长一点，他们就每隔几年设立一个天数少的闰月来平衡误差。

从此以后，人们终于能明确地划分四季、掌握物候变化的准确时间节点，从事农业生产便有了可以遵循的法度，百官也能遵循历法安排政务工作。天下万民井然有序，呈现出一派欣欣向荣的景象。

汉　石日晷

从远古时代开始，人们就懂得利用太阳计时。为了准确利用太阳的计时特性，人们相继发明了圭表、日晷等器具。1897 年出土于今内蒙古自治区托克托县的汉代日晷是我国发现的最早日晷，使用时只要在中央的圆孔立上"正表"，在外缘小孔立"游仪"，再将正表和游仪照准日出和日入时太阳的位置就可以算出白昼长度。

> **成语典故**
>
> **一寸光阴一寸金**
>
> "光阴"最初的意思是光亮和阴暗,指代日月的推移,由于古代用日月计时,因此光阴就成了时间的代名词。那么"一寸光阴一寸金"的"寸"字是怎么来的呢?时间为什么能用长度衡量?其实这联想自日晷、圭表计时的刻度。

5 给天下都不要的许由

尧是部落联盟出色的大首领,他每天亲贤远谗、宵衣旰食地处理部落事务,基本上没有什么休息时间,把天下治理得很好。可是上了年纪以后,尧感觉自己体力不济,于是越发渴望有人能担负天下大任。他找来四方的长老"四岳",请他们推举贤才。四岳想了想答道:"您的儿子丹朱开明,可以继任。"

尧叹了口气,心知儿子丹朱的才学品性不足以管理天下,便起了让位于贤的念头。

当时,阳城槐里(在今河南省登封市)有个人叫许由。许由隐居于乡野,品行高洁,不慕荣华富贵,粗茶淡饭,过得饶有乐趣。尧听说以后,认为许由是一位高尚之士,值得托付天下,便找到对方的隐居之所,亲自登门拜访。

见了许由,尧诚恳地说道:"日月升起普照大地,燃烧的火把却还不肯熄灭,这不是没有自知之明吗?霖雨降下滋润万物,舀水灌田的行为却不停止,这岂不是徒劳无功吗?有您这样的贤人在世,天下自然被教化得井井有条，我却还忝居高位……与您相比，我自知缺点甚多，希望将大首领之位相让！"

许由摇了摇头，推辞道："您已经把天下治理得很好了，我为什么要取而代之，我难道是贪图虚名的人吗？鹪鹩（jiāo liáo）只需一个枝头就可以筑巢而居，鼹鼠只要喝点儿河水就能饱腹，得到天下对我有什么用途呢！厨子虽然不想做饭，可祭祀神明的人也绝对不该放下祭器跑去替他做饭，您请回吧！"

送走了尧，许由担心他再来寻找，当天即收拾行囊逃到野外。半路上，遇见了自己的老师啮（niè）缺，看到许由慌张行路，啮缺好奇地问许由要去哪里。许由回答："我要离尧远一点。"

啮缺没有听懂，有些莫名其妙。许由解释道："尧这个人啊，虽然勤勤勉勉地推行仁义，但是他推行仁义的手段是爱百姓、给百姓好处，百姓哪有讨厌被爱、讨厌好处的呢？所以大家都推崇'仁义'。这是浅显的，一旦有一天没了好处也就没什么人讲仁义了。仁义形成的关键是精诚啊，

奇闻逸事

巢父牧牛

给天下都不要的许由已然算是清高了，可他洗耳朵时却被一个放牛的贤人巢父鄙视了。原来巢父觉得许由虽然不爱江山，却仍爱名声，本质和那些争名求利的人没多大区别，就讥讽道："你要是隐居在人迹罕至的地方，尧能打听到你的住处吗？我看你是故意透露行踪，好让别人都知道你无欲无求、品行高洁。你在这里洗耳朵，我还嫌你脏了小牛的嘴呢！"说完，巢父就牵着牛到上游饮水去了。

贤人执政虽然能靠政令利诱百姓仁义，但把仁义和利益挂钩，却是坏了仁义的根基啊，依我看，贤人就是天下的贼！"说罢，他一口气逃到中岳嵩山，在箕山下、颍水边寻了一处地方种田隐居。

尧被拒绝以后，更加认定对方是一位难得的贤良之士，非要请他出山做官。于是，尧派人传下命令，任命许由为"九州长"。许由非常生气，不仅拒绝传令之人，还赶紧跑到颍水边去洗耳朵——他觉得听这些简直是弄脏了自己的耳朵。

尧知道许由的意思后也不再勉强，后来许由一直没出来做官，死后就安葬于箕山。后人敬佩许由的高洁品行，自汉代以后便用和祭祀五岳一样规格的礼仪祭祀他。

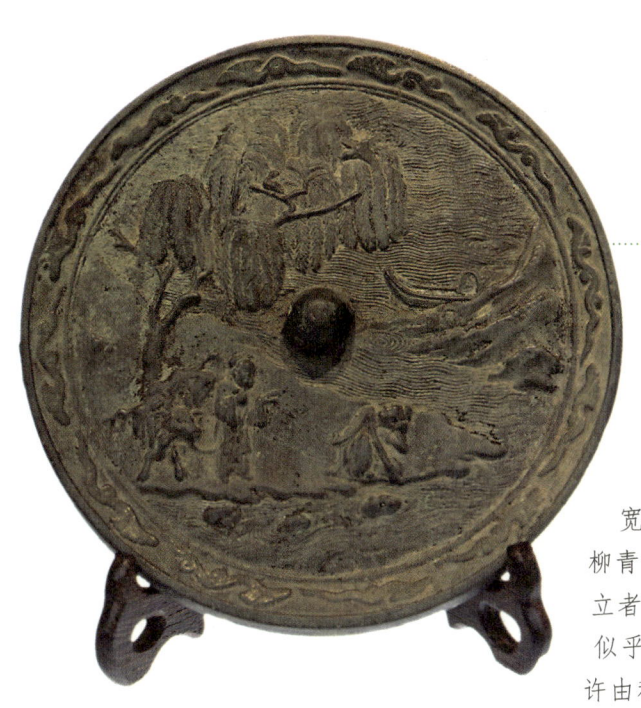

宋 许由巢父铜镜

"许由巢父"铜镜现存于鄂州市博物馆，直径为18.2厘米，重1250克，圆形，圆钮，宽素平缘。镜背在高山流水、垂柳青草间设置了一坐一立两个人物，立者牵牛似在询问，坐者侧身临水，似乎刚刚洗耳完毕。显然，这正是许由和巢父水边对话的情景。

时间 距今约6千年—距今4千年

15 刚柔并济的舜帝

舜宾于四门,乃流四凶族,迁于四裔,以御螭魅,于是四门辟,言毋凶人也。

——《史记·五帝本纪》

【人物】尧帝、瞽叟、舜、丹朱、皋陶、夔、鲧

【事件】舜帝厚德、登位为帝、四凶四罪、舜治天下、鲧治洪水

尧帝年老,其子丹朱难当大任,遂征求贤能之人,舜因德行出众被举荐。他再三推辞后继位,治理"四凶四罪",制定法律,任用贤能之人治理天下。舜任命鲧治理洪水,一连九年也没有成功。

好脾气的虞舜

由于丹朱的才能不堪继位,许由又拒绝接受禅让,已在位七十年的尧不得不另寻首领人选。他召集各联盟部落的首领,郑重其事地向大家征求贤能之人,这一次,四方部落的长老四岳推荐了舜。

和尧帝类似,"舜"是人们对这位继任者的美谥,并不是他本来的名字。舜的名字叫"重华",据说他的眼睛有双重瞳孔,所以才有了这个名字。舜其实是黄帝的后人,颛顼是他的六世祖。只不过这一支族人自舜的五世祖起就都是平民百姓,没有担任什么职位。

舜的父亲被叫作"瞽(gǔ)叟","瞽"就是目盲的意思。这是一种

带有贬义的称呼，因为瞽叟不但眼睛看不见，而且不辨是非。舜六七岁的时候，母亲不幸因病而亡，父亲娶了后妻，生的儿子名叫"象"。

舜的继母奸诈、弟弟傲慢，都将舜视为眼中钉、肉中刺，而瞽叟也因为偏爱后妻的孩子而总想找机会害死大儿子。好在上天保佑，舜每次都能逢凶化吉。更难得的是，他不计前嫌，过着逆来顺受的日子，对父亲和继母毕恭毕敬，对弟弟也疼爱有加。

舜不仅对父母孝顺，对外人也很敦厚。当时，有很多人在历山开荒种田，大家都想要平坦、肥沃便于浇灌的田地，因此免不了会发生争端。舜总是让着别人，主动去开垦不好的地段。遇到邻近田地来不及耕种、除草，舜还常常主动去帮助别人。经过一番勤劳苦干，舜的田地虽然不怎么

帝鉴图说·孝德升闻

这幅图描绘了舜在寒微时以德报怨，宽厚地对待父亲、继母和弟弟，美德传到尧耳中的故事。图中恭敬地立在院中者为舜，屋子里则是对他百般刁难的弟弟、父亲和继母，这一家人还不知道马上就有贵人上门了。

好,收成却是最好的。在他的感召下,历山下的百姓变得互相谦让、互相帮助,处处呈现出欢歌笑语、物阜民丰的景象。

舜去雷泽捕鱼的时候,也从来不争不抢,多次将捕鱼的好位置让给别人,还帮助大家修补渔网。在他的影响下,雷泽的捕鱼人互相帮助、和睦相处。

舜去黄河之滨制作陶器的时候,督促大家不要偷工减料,还帮助别人改进技术。渐渐地,此地出产的陶器越来越好,在集市上成为大家争相交换的物品。

人人都喜欢跟舜在一起,信赖他、支持他、依靠他。据说,舜在哪个地方居住一年,哪个地方就能成为一个村落;居住两年,就能成为一个县邑;居住三年,就能成为一个城市。

听了舜的事迹,尧的内心大受震撼,没想到还有这样一位德高望重之人。为了考验舜能否担当大任,尧决定把自己的两个女儿嫁给舜,从而观察舜如何管理家庭,又令自己的九个儿子与舜相处,观察舜为人处世的能

彩绘龙盘

彩绘龙盘出土于山西省临汾地区襄汾县陶寺村,属于距今大约4500年的尧文化时期,是新石器时代龙山文化时期的典型代表。龙盘通高8.8厘米,口径7厘米,底径15厘米。盘口向外敞开,口沿斜折,盘内中心绘着一条身体蜷曲的龙。彩绘龙盘与一批礼器性质的重器同出于大墓,充分说明在这个时期,已经将龙作为崇拜的图腾。

力。舜将尧的两个女儿安置在妫水之滨，在家中的行为无不恭谨合礼，尧的两个女儿深受感染，也不敢对舜的亲戚有一点儿傲慢。而尧的九个儿子也受到舜的熏陶，变得更加谦逊有礼。

然而，舜的隐忍并没有换回家人的疼爱，他们忌妒舜的际遇，变本加厉地想害死舜。有一天，家里存储粮食的仓库漏雨，瞽叟让舜爬到顶上去修补。舜踩着梯子爬上去添草涂泥，忙得满头冒汗。瞽叟却趁其不备挪走梯子，又在粮仓下面放了一把火。在东南风的助力下，火苗沿着粮仓迅速往上蹿，片刻便将舜包围在一片火海之中。就在千钧一发之际，舜急中生智，抓起两个大斗笠，像鸟儿张开翅膀那样伸出双臂，一面用斗笠护住身体，一面轻松地跃过火海，毫发无损地落到地上。

一计不成，又施一计！瞽叟说家里缺一口水井，让舜在院子里挖井。舜不敢怠慢，很认真地一点点挖井，哪想到眼看就要出水时，瞽叟与象开始稀里哗啦地往井里填土，土石一直堆到井口。他们以为这次肯定能害死舜，高兴得手舞足蹈。

其实，舜刚看到上方投下泥土，便明白父亲和弟弟要害死自己。幸亏他事先有所警觉，在井筒旁边挖了一条通道，于是他一言不发，从之前挖好的隧道逃了出去。看到舜完好无损地回到家里，瞽叟和象惊得目瞪口呆，以为舜有神明保佑，只得假惺惺地表达关切之情，再不敢加害他了。而舜跟以往一样，依然对父亲孝顺有加，对弟弟爱护备至。

尧对舜的表现很满意，把他送进森林深处接受风雨考验，舜在狂风暴雨、电闪雷鸣中泰然自若地走出森林；尧又让舜接待四方宾客，管理百官，舜全都处理得有条不紊。

经过一系列考验，尧高兴地说："舜啊，经过三年的考察，你的确适合当大首领，我现在就让位给你吧！"

可是，舜却认为自己的德行不够，依旧试图辞让。

时间　距今约6千年—距今4千年

5 舜帝上任的"三把火"

眼见舜推辞了帝位，尧也没有强迫他，但是随着岁月流逝，尧一日日衰老。晚年时，尧虽然还未完成禅位，但天下的政事却已经交给舜来处理了。临终之际，尧有些纠结，不知该将帝位传给舜还是丹朱。

丹朱是尧的儿子，据说他出生时周身红通通的，因此得名"朱"。丹朱很聪明，尤其擅长下棋，是后世公认的"棋圣"。所以在选择继承人时，自然有官员推荐了丹朱。但是尧认为丹朱内心顽嚣，又喜好争讼，德行偏差，有些不肖，因此没有将他委以重任。

尧没有纠结太久，一想到若将天下让给丹朱，天下都会受害而只有丹朱一人得利；反之，则天下得利，仅丹朱一人受害，他最终做出了决定——让位给舜。

这一次，舜接受了，但尧去世以后，舜为了避免与丹朱发生冲突，就离开都城，去了南河之南，转手将天下让给丹朱。然而，天下的诸侯不情愿，自那以后，凡是需要禀告的事情，各官员都去向舜禀告；需要解决的事情，都去请舜解决；告状的人也去了舜那里；各部落大大小小的首领，都去了舜那里；百姓认可的也是舜而不是丹朱。最终丹朱治理天下三年，政绩平平。舜长叹一声："这是天意啊。"最终登位为帝。

舜即继位，天下并不太平，"四凶四罪"不断生事，祸乱百姓。于是舜决心处理四罪四凶。

所谓"四罪"，就是驩兜、共工、鲧（gǔn）和三苗部族。他们分别在南、北、东、西四个方向的部族中颇有影响。四罪之中，驩兜、共工担任要职但品行淫辟；鲧治水无方，劳民伤财；三苗部族一直在寻找机会与炎黄部落对抗，看到尧的儿子失去帝位，以为机会来了，在江淮、荆州等地多次为乱。

所谓"四凶"，就是四个穷凶极恶的部族，分别是浑沌、穷奇、梼杌（táo wù）、饕餮（tāo tiè）。浑沌是帝鸿氏的后代，他们掩蔽仁义，包庇残贼，经常行凶作恶。穷奇是少皞氏的后代，他们毁弃信义、厌恶忠直，喜欢邪恶的言语。梼杌是颛顼氏的后代，他们凶顽绝伦、不可调教，不懂得好话坏话。饕餮是缙云氏的后代，他们贪于饮食、好图财货、贪得无厌。

面对四凶四罪，舜快刀斩乱麻，分别予以严厉公正的处置。

他把共工流放到幽陵，以变更北狄的风气；把驩兜流放到崇山，以变更南蛮的风气；把鲧杀死在羽山，以变更东夷的风气；把三苗击败，驱赶到三危之地，以变更西戎的风气。最终四者服罪，而天下威服。

至于四凶，舜在四门接待四方宾客时，流放了这四个凶恶的家族，把他们赶到了边远地区去抵御害人的妖魔，国内风气又是一清。

獬豸

神兽獬豸并不罕见，只是平时大多被误认为狮子，作为司法公正的象征，它广泛地出现在法院等场所的正门，故宫里也有这种瑞兽的雕塑。

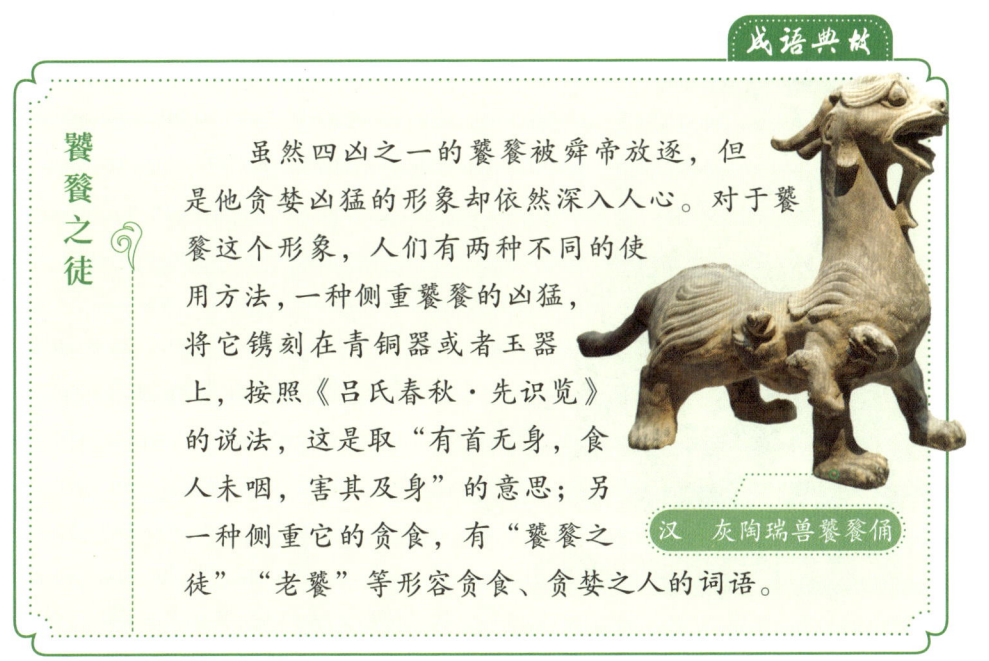

成语典故

饕餮之徒

虽然四凶之一的饕餮被舜帝放逐，但是他贪婪凶猛的形象却依然深入人心。对于饕餮这个形象，人们有两种不同的使用方法，一种侧重饕餮的凶猛，将它镌刻在青铜器或者玉器上，按照《吕氏春秋·先识览》的说法，这是取"有首无身，食人未咽，害其及身"的意思；另一种侧重它的贪食，有"饕餮之徒""老饕"等形容贪食、贪婪之人的词语。

汉 灰陶瑞兽饕餮俑

时间　距今约6千年—距今4千年

5 舜和他的好搭档皋陶

舜在治国理政时，以"德"为先导，以"和谐"为宗旨，展现出非凡的管理才能。他每五年进行一次全面巡察，考察各氏族部落的首领是否认真履行职责，各诸侯国是否按照部落联盟制定的法规严格行事。

去各地祭祀时，舜指点当地官员如何记载日月运行，让他们的记录与实际情况保持一致，还统一了关于度、量、衡的计量标准，以及各种朝拜礼仪，无形中避免了许多争端。

为了让民众平时都能约束不良行为，舜下令在人群聚集的地方绘制五种主要刑罚与犯人受刑的样子，让人们心中有所忌惮。舜还对所有官员发出忠告，希望他们兢兢业业地履行职责，每隔三年会进行一次考核，由三次考察的结果决定提升或罢免。

当然，想治理好偌大的天下，仅凭自己是不行的，于是舜任用了很多人才：他任用皋陶（gāo yáo）为士师，制定各种刑法，公平处理各种案件；任用弃为稷官，教导人们按时播种，按时收获；任用契为司徒，教育百姓遵循礼法，保证君臣、父子、夫妇、长幼之间亲睦相待；任用垂为工正，让从事手工业的人都能自觉保证成品优良；任用益为管理山林川泽的虞官，让山林得到开发、水产资源都能得到充分的利用；任用伯夷为礼官，主持三礼，管理祭祀，令民众恭敬谦让。此外，舜还任命龙为纳言官，负责颁布他的命令，如实告诉他百姓的意见。任命夔（与黄帝时代的夔非一人）为乐官，掌管乐舞，教导年轻人。

其中皋陶与夔对治理天下起到了很大

历代帝王圣贤名臣大儒遗像·皋陶

作用，皋陶以法规治理天下，夔以音乐陶冶天下。

皋陶断案很准，而且铁面无私。据说他身边有一只叫獬豸（xiè zhì）的独角兽，这只神兽能听懂人类的语言，知晓人类的本性。若是发现奸邪之人，它会一跃而前，用锐利的犄角触倒对方，令犯法者不寒而栗。

皋陶对刑狱法律发展贡献很大，据史书记载，舜曾命令皋陶"作刑"，就是制定刑法制度。中国历史上有记载的最早的成文法规，可能便是皋陶的"昏、墨、贼，杀"。

"昏"指内心邪恶，做尽坏事，却掠夺别人的好名声；"墨"指做官之人贪赃枉法，索取无度，败坏风纪；"贼"指草菅人命，胡乱杀人。这条法规的意思是，凡是有这三种行为之一的，一律处以死刑。

传说中国最早的监狱，也是皋陶建造的，因此他又被后人称为"狱神"。

虽然有了完备的律法，但舜很清楚，不能只靠律法惩治罪行，也要关心人们的情志，而音乐对于调节情志就非常有效，一首美妙动听的乐曲可以令人身心愉悦，一首庄严肃穆的乐曲可以令人心生敬畏……所以，管理天下只有法治还不够，还需要从音乐入手。于是，舜命令夔校正了音乐中的六律和六吕，调和宫、商、角、徵、羽五声，并创作了《九招》《六

奇闻逸事

箫韶九成，凤凰来仪

传说夔创作的乐曲极度动人，不仅令闻者深受教化，更能和天地神物有所感应。

本节所说的《九招》又名《九韶》，"九"就是"有九章"的意思。按《尚书》记载，夔的九章韶乐谱成时，竟然引得凤凰前来。这就是"箫韶九成，凤凰来仪"的典故。后世的孔子听了韶乐，大受感动，足足有三个月，只要想起韶乐动人的旋律连肉都觉得平淡无味。

列》《六英》等乐曲用于在集会上进行演奏。夔创作出的音乐非常动听，鸟兽听到以后都忍不住翩翩起舞。

这些音乐经过反复演奏之后，舜的大名与事迹很快传遍天下，一个和谐的太平盛世出现了。

劳而无功的鲧

尧担任部落联盟大首领的时候，中原地区发生了一场特大洪灾。当时黄河频繁改道，多雨季节时几乎每场雨都会引发一场山洪。洪灾最严重时不仅淹没庄稼、冲走房屋、淹死牲畜，还会包围高山、灌满山谷，吞没很多来不及逃跑的百姓。

尧屡次派人治理，却没有收到什么效果，愁得每天吃不下、睡不着。这天，他请来四方部落的长老四岳，求助道："洪水在大地上咆哮奔腾，夺走了很多人的性命，民众苦不堪言，请你们帮我想想办法，推荐一个能治理洪水的人吧！"

四方长老异口同声地回答："鲧可以！"

尧有些迟疑："鲧性格乖僻，品行不佳，不肯服从命令。"

四方长老说："但是没有比鲧更贤明的了，大可让他试试。"

尧确实没有更好的人选，只好听从大家的建议，任用鲧去组织人力，承担治理洪水的重任。

鲧是黄帝的后代，当时是夏氏一族的首领，被尧封在崇地（位于今河南嵩山一带），所以又称为"崇伯"。

鲧接到命令之后，很快投入工作中。不过，他并没有拿出一套推陈出新的治水计划，而是按照老办法铲高填低，将高处的泥土沙石填到低洼之处，筑成堤坝去堵截洪水。此举虽然能暂时缓解洪灾，但被堵住的洪水会越积越多，越积越高，直至冲垮堤坝，导致更大的灾害。

鲧采用这种方法，辛辛苦苦治理了九年也没能平息大水。部落联盟中大大小小的官员，以及各长老多多少少都有了怨言。此时，帝尧也完成了对舜的考验，将天下禅让给了舜。这一次舜无法辞绝，因为帝尧已寿终正寝。舜摄行天子的职权，开始四方巡狩，巡检各地官员的工作。

巡狩途中，舜看到大水依旧泛滥，百姓苦不堪言。他非常愤怒，以"治水无状"的罪名，撤去鲧的官职，在羽山将其处死。鲧虽然没有功劳，但仍有苦劳，他死不瞑目，化为怪物黄熊潜入羽山流水汇合之处的羽渊。

在神话传说中，鲧的故事还有另外一个版本，说他本是天上的神，因见凡间洪水肆虐，百姓死伤无数，所以私自下界来帮助人们战胜洪水。下界的时候，为了阻截洪水，鲧偷走了天帝的一件宝物——可以自行无限生长的神土息壤。在治水即将成功之时，天帝得知鲧偷盗息壤私自下界的事情，气得大发雷霆，派火神祝融降临凡间，收回息壤，并在羽山杀死了鲧。

在这个故事版本中，鲧同样死不瞑目，他的尸身三年不见腐烂。后来祝融剖开鲧的腹部，忽然从中跳出一个婴孩，就是禹。两个故事的结尾一致，鲧的尸身化为黄熊，潜入羽山之渊消失了。

史海辨真

鲧之死

舜处死了为治水奔波九年的鲧，天下人都认同他的公正，但也有人为鲧的付出惋惜，于是便形成了"鲧化黄熊"的神话。至于"破腹产禹"的故事，其实更多地意味着一种精神的传承。鲧虽然失败了，但治水本身就是一项历时漫长、正误难辨的尝试工作，没有鲧长达九年的摸索，后人是无法确认治理洪水的正确方法的。

时间 距今约6千年—距今4千年

5 神话、文学和历史

鲧的故事，是本书神话部分的最后一个故事，此后的历史虽然也常有神异的内容，但记录它们的已经是正统的史书了，而且，历史记载和考古发现间也有了比较清晰的对应。

在这一部分的最后一节中，我们将简单介绍一下神话、文学与历史的关系。

上古神话，在很多历史书籍中是一带而过、甚至支吾讳言的，因为比之历史的严谨，神话玄奇怪诞，缺乏严谨与可信度。

但是历史总有其源头，人类也不可能一开始就具有严谨完备的历史记录意识。因此，任何一个国家的历史都源自神话，没有神话，历史也就无处依托。而中国的神话兼有历史的要素、文学的精神，其实也是历史意识和文学精神的萌芽。

总结本篇的各个小节，不难发现中国先民所创的神话不是子虚乌有的自然现象，而是有关世界的起源、部族的始祖、洪水、战争和对种族发展卓有助益的发明，这些无疑都是历史所需要探究的要素，并且显然是有事实根基的。抛开其神化的外衣，其实仍然还原了历史的脉络，反映了先民为生存而进行的族群竞争、自然改造和技术发明。

所以掌管取火的官员祝融成了火神，掌管五谷播种的农官成了谷物神，治水而死的英雄玄冥成了水神，掌管历法的官员成了太阳神……

上古华夏部族林立，显然不同部族对于始祖和起源有各自的记载，因此不同书本中上古神话的矛盾其实很可能反映了先民的融合、迁徙。因为频繁

对鸟纹彩陶壶

征伐合并，被征服部族的传说和崇拜逐渐融入延续下来的民族之中，成了共有的精神图腾……

与此同时，由本书在各个神话中所搭配的出土文物也可看出，上古神话和历史发掘往往相互印证，这不仅肯定了以严谨著称的史书的可信，也表明了一些以瑰奇怪诞闻名的古书（如《山海经》）等同样具有一定的历史价值，而并非纯粹编造。

上古神话和歌谣也是中国文学的源头，其本身也可以称为传说时代的文学。上古时期文字出现较晚，因此文学的形式就是口耳相传的歌谣和故事。由于时间久远，传说时代的文学除神话外大部分没有流传下来，但仍有少数古书记述了只言片语。

比如据说是神农时代的《蜡辞》："土反其宅，水归其壑，昆虫勿作，草木归其泽！"意译过来分明是一段农民祭祀时的祭词，表明农夫希望田地间水土各安其所，不要生长昆虫，杂草和树木要乖乖地回到沼泽生长。这些朴素的文字，传自上古的可信性是很高的，并且有了初步的韵律。

这一时期的文化形式可能不止有歌谣，还有对应的伴舞、配乐，只是还未规范，体现了原始崇拜逐渐向宗教转化的过程。到了夏商时代，在此基础上发展起来的"巫"文化，实际上成了历史和文学的主要载体。

马家窑文化彩陶贴塑人纹双系壶

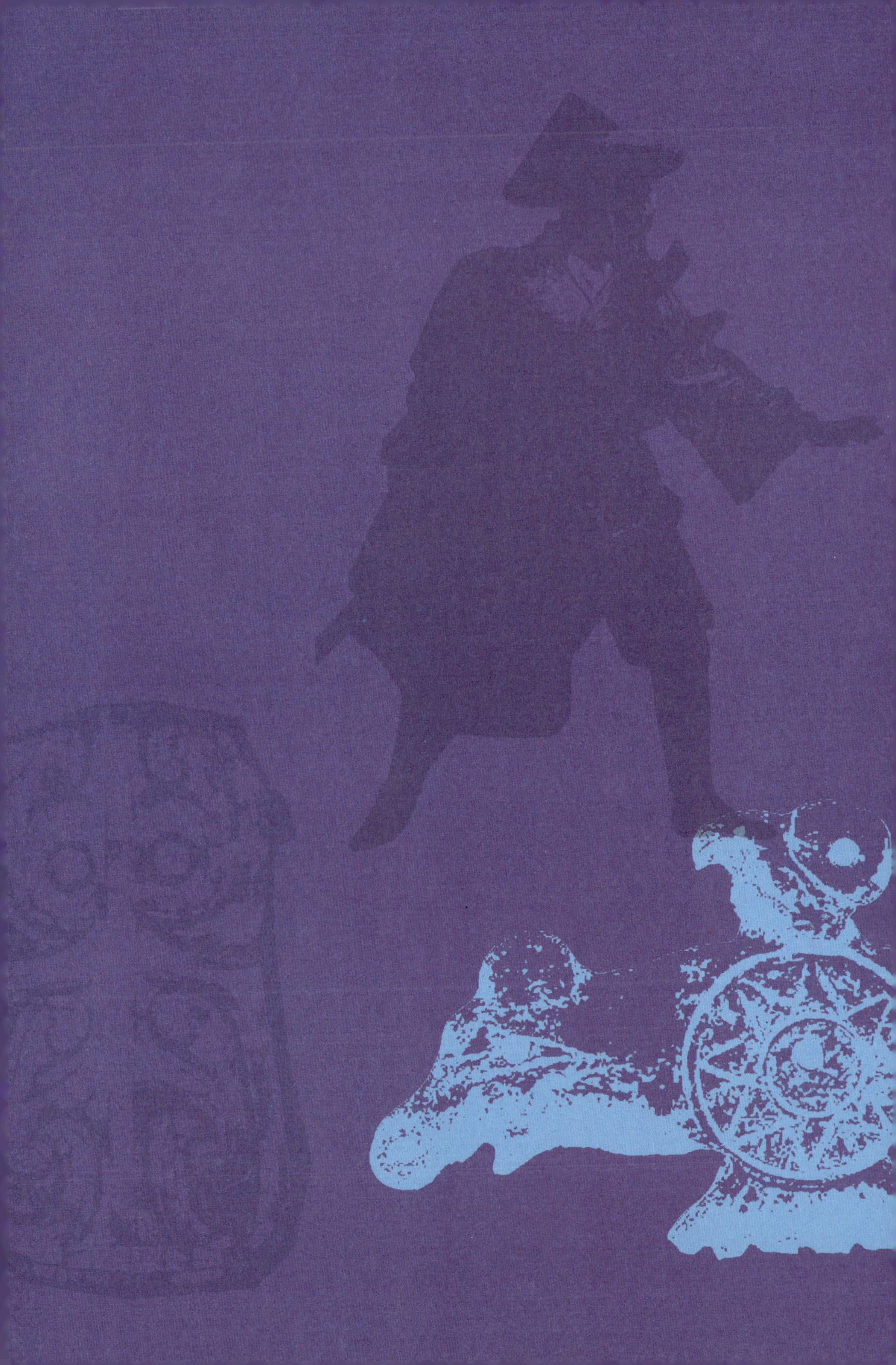

夏朝

约前 2070—前 1600

> 综观自太康至少康之事，似乎夏朝的根据地，本在安徽西部，而逐渐迁徙到河南去，入于上章所引《周书》所说的"自洛汭延于伊汭"这一个区域的。……但在这时候，东方的势力，亦还不弱，所以后来夏朝卒亡于商。
> ——吕思勉《吕著中国通史》

- 大禹治水
- 禹定九州
- 禹逐三苗
- 启建夏朝
- 巩固统治
- 太康失国
- 征伐羲和
- 后羿之死
- 寒浞灭夏
- 少康中兴
- 九夷来朝
- 夏衰商起
- 孔甲养龙
- 暴君夏桀
- 众叛亲离
- 厨子宰相
- 放虎归山
- 兴兵灭夏

时间 约前2070—约前1600

16 大禹定九州

> 禹乃遂与益、后稷奉帝命，命诸侯百姓兴人徒以傅土，行山表木，定高山大川。禹伤先人父鲧功之不成受诛，乃劳身焦思，居外十三年，过家门不敢入。
>
> ——《史记·夏本纪》

【人物】舜、禹、商均

【事件】大禹治水、征伐三苗、涂山之会、鼎定九州、制定"禹刑"

禹受命治水成功，后接受首领之位，制定五服制度，征伐三苗，与各族诸侯在涂山举行盟会。为巩固统治，禹击败了九夷，划分天下为九州，铸九鼎，制"禹刑"。

对抗洪水的十三年

舜处死了鲧，但水灾不可能因此消泯，反而更加严重，传说天下都被大水分成了十二个"州"。于是舜做了一个"杀父任子"的决定——派鲧的儿子禹去治理洪水。

传说中，禹是鲧和有莘氏一族的女子所生，这位女子在夜里看见流星穿过昴宿，而后感应受孕，后来她又在某天吃了神珠薏苡，几个月后便通过剖腹生下了禹。

成年以后，禹一直跟着父亲鲧治理洪水，一路东奔西跑，积累了不少经验，堪称治理洪水的最佳人选。有一次，他在途中遇到一位美丽的涂山姑娘，两人一见钟情，聊起来也情投意合。禹便带着姑娘回到家乡，结为夫妻。

没想到，新婚之际忽然传来了鲧的死讯，一家人陷入悲痛之中。没过多久，舜让禹继续治水的命令也到了。禹经过激烈的思想斗争，决定以大局为重。他告别新婚四天的妻子，率领大家踏上了治水的漫漫长路。

禹和益、稷三人一起受命治理洪水。他先引导百姓爬上地势比较高的山坡、丘陵，躲避洪水灾害。与此同时，他又让益分出一些稻种，让百姓播种，水稻喜水，这样一些洪涝的地方也能出产粮食。他还让稷分发一些可以充饥的粮食，免得老弱妇孺忍饥挨饿。

接着，禹发起号召，恳请百姓们跟随自己一起挖掘土石，治理洪水。大家都明白他的心意，纷纷表示愿意，治水队伍迅速壮大起来。

如果想从根本上解决洪灾，就得研究地势，分析洪水的来源与去向。为此，禹带着耒（lěi）、锸（chā）等挖掘工具和准绳、规矩等测量工具，率领治水队伍走遍了部落联盟的领地。

他们每爬过一座山，就在山上立木桩为标记，定下山名，并绘制于地图上记录下来。经过名山大泽时，禹会召集当地人询问这里的山川道路、金玉矿藏、鸟兽昆虫、奇闻逸事，再让益进行整理和记录。禹这样做不仅是为了治理洪水，也是为了了解各地风物，从而为各地制定合理的贡赋。最终，天下在他的合理安排下形成了按与国都距离划分的"五服"，不同服的人们按照当地特色缴纳贡赋、承担义务，舜帝的教化也因此遍布天下。

传说，华夏部落联盟的疆土约有

变体神人纹筒状单耳陶杯

时间　约前2070—约前1600

方圆五千里，在漫长的治水年代里，禹的足迹遍及东西南北。为了发动各族人民，禹采取入乡随俗的办法，当到达全民赤身裸体的"裸国"时，他便脱下衣服与大家一起工作，直到完成工作离开裸国，才重新穿上衣服，这就是"解衣而入"的故事，也是禹治水过程的缩影。

和父亲的铲高填低不同，禹治水的方针是"高高下下、疏川导滞"，就是顺应水向低处流的特性，以疏导为主，帮助水顺利地流入海洋。

禹遇到的最大难题是开凿黄河的龙门。龙门两岸非常陡峭，中间仅有一条狭窄的水道，水道被几块巨石拦阻，导致从上游而来的黄河水无法畅流，在两岸泛滥成灾。为了拓宽水道，禹带领大家凿开两边的峭壁，一点点砸碎拦阻的巨石……此项工作的难度不亚于愚公移山。

当黄河水终于顺畅而下时，人们喜极而泣，两岸的欢呼声震天动地。和开凿龙门类似，禹历尽千辛万苦，率领大家疏通了九条大河，开通了九道山脉之间的通路，让滔滔洪水顺着水道流向大海。

大江大河经过疏导，顺畅地流入大海，但一些较小的水流难以引入大海，于是禹又发明了"钟水丰物"的治水办法，即利用河流、沼泽或洼地来蓄水，平时可以用来灌溉农田，放养水禽，洪涝时可以吸纳水流，减轻洪峰。同时，禹还教大家在农田里开沟挖渠，这样既能为庄稼排走积水，又能通水灌溉，可谓一举两得。

据说，禹治水用去了十三年时间，三次经过家门而不入，连儿子启出生的时候也没有得到他的照顾。由于长期奔波，禹的身体极度疲劳，累得吃不好也睡不好，原本高大壮硕的身体变得头颈细长，身形枯瘦，两条腿由于长期泡在水里，走起路来一瘸一拐。

不过，他付出的巨大牺牲，终于换来了治水的成功，并给无数百姓谋得了一方安定的家园。人们非常感激他，尊敬地称他为"大禹"，意思是"伟大的禹"。舜则赏给大禹一件贵重的玉器"玄圭"（一种黑色的玉器，上尖下方，古代用以赏赐建立特殊功绩的人），并将夏地封给了他。

宋 赵伯驹 禹王治水图卷（局部）

地图专题 治水定九州

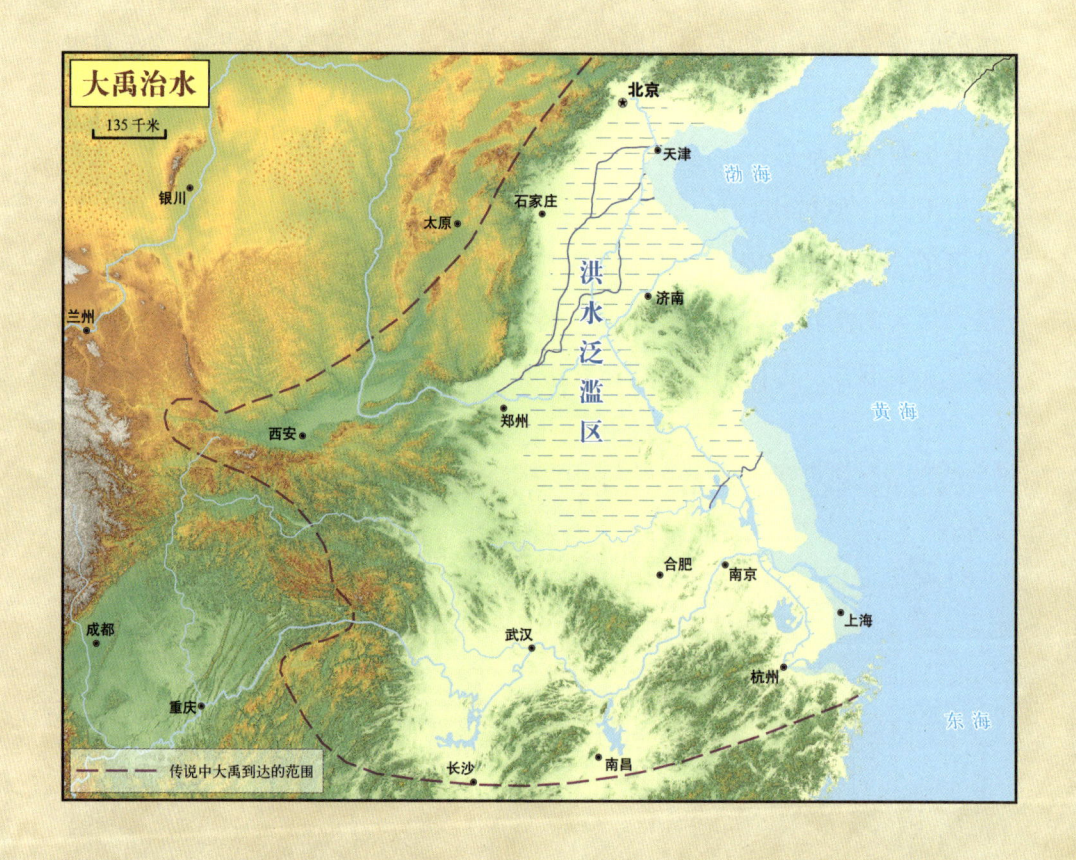

人物：鲧、禹、益、稷

大禹治水

135 千米

传说中大禹到达的范围

透过地图说历史：

早在新石器时代，中华民族就把农耕作为重要的生产方式。种庄稼，最怕的就是各种灾害，尤其是水灾。可上古时期中原大地的河道并不稳定，形成了很大面积的沼泽湿地区域。河流一改道，就会导致大水泛滥，庄稼颗粒无收，所以各个部落都愿意联合起来治水。

在治水的过程中，人们对所居住的大地有了更多认识，也就产生了九

禹贡九州示意图

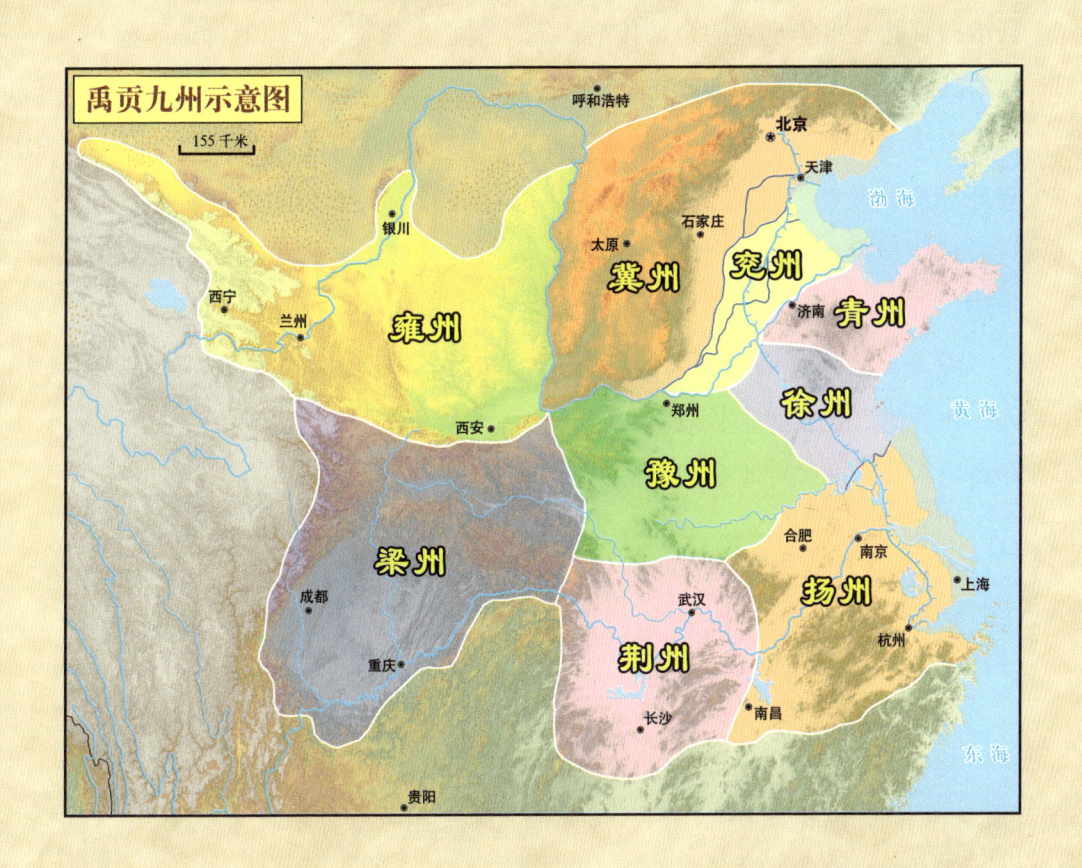

155千米

呼和浩特　北京
天津　渤海
银川　太原　石家庄
西宁　兰州　**雍州**　**冀州**　**兖州**
济南　**青州**　黄海
西安　郑州　**徐州**
　　　　豫州
成都　**梁州**　合肥　南京　上海
重庆　武汉　**扬州**
　　　荆州　杭州
　　　长沙　南昌
贵阳　　　　　　东海

州的划分。

　　简单说，九州就是中国上古的一种地理区划，把古人已知的大陆分为九个区域，沿用久了就成了中国的代称了。九州的划分在不同朝代有不同的答案。本书地图绘制的是比较通行的、据传为大禹所划的九州。除了这种观点外，古代也有学者认为，九州不是夏朝以前所划，而是商朝或周朝时划定的，所以也有"三代九州"这个说法。

驱逐三苗部落

尧舜时期，部落联盟大首领之位的传承制度是禅让制，即由大首领选定一个品行高尚、才能出众的人继任。

谁才是最适合的继任者呢？这是摆在舜面前的难题。论功劳，大禹十三年勤勤恳恳，疏导九条大河入海以平息水患，划分天下为五服，赈济饥饿的百姓，将华夏族的声威传遍四海，似乎是最佳人选。但舜还不放心他的品德，于是向大禹询问治理天下的意见。

大禹谦恭地行了拜礼，说："帝王啊！您要谨慎对待您的臣子，慎重处理您的政务。只要辅佐您的大臣德行高尚，天下人都会拥护您。您只需要用清静之心按照世间的规律做事，上天自然会把美好的符瑞降临于您。"

舜非常高兴，认为大禹胸怀宽广、以天下为重，决定将他定为继承人，而大禹百般推辞，执意将天下让给舜的儿子商均。在舜死后，为了避让商均，大禹退居封地夏地。

知识充电

五服

所谓"五服"，据说是由大禹制定的，简单来说就是以天子为核心，根据距离和亲疏把天下分成五个同心圆，以五百里为一区划，最靠近天子的地区叫"甸服"（国都外五百里），再往外一些是"侯服"（甸服外五百里），以此类推，侯服再向外则分别是绥服、要服、荒服。

五服制度并不是简单的亲疏划分，它按地域规定不同地区人们的义务，从朝贡的频率到进献的供物都做了详细合理的划分。正是因为有了合理的五服制度，各地人民才能心甘情愿地接受统治，广阔的中原大地上才能建立起统一的权力中心。

可是，诸侯和百姓更认可大禹，遇到事情都不去觐见商均，而是去拜见大禹，听候他的命令。大禹只好接受首领之位，开始掌管天下大事。

大禹上任以后，进行的第一件大事是讨伐三苗。

三苗是一个部落联盟，由三支氏族部落组成，地盘大、实力强，一直对华夏联盟的权威持挑战态度。舜时期，三苗因作乱被流放至三危之地，但并不甘心，舜去世后，他们招兵买马，再次背叛华夏联盟。

三苗部族有些倒霉，起兵之际聚居地突然出现异象，太阳昼伏夜出，连下三天血雨，大地开裂，夏生坚冰，农田颗粒无收，三苗百姓人心惶惶，流言四起。

大禹抓住时机，以拯救百姓为名，兴兵攻伐。出发之前，他召集各地诸侯，举行隆重的出征祭祀典礼，祈求天神和祖先保佑。

他手持玄圭，在誓师动员时说："三苗不敬鬼神，滥用刑罚，违背天意作乱，上天现在号令我们对它进行讨伐。"

华夏军浩浩荡荡向三苗之地逼近，在洞庭湖、鄱阳湖一带，与三苗军队展开激战。三苗人罹受天灾人心惶惶，见华夏军军容整齐，士气逐渐落于下风。交战开始，战斗十分激烈，互有胜负。突然，战场雷电交加，再加上三苗的首领在战阵中被箭矢射死，三苗人群龙无首，顿时乱作一团，华夏军最终赢得了这场战争。

在华夏部族的乘胜追击下，三苗部落土崩瓦解，一部分向南撤退，一

史海辨真

驱逐三苗

本节所描写的天地异象主要出自《墨子·非攻下》。从迷信的角度讲，这寓意了华夏击败三苗在天命上的合理性，从科学的角度讲，则极可能记录了一场发生在大禹时期的极端自然灾害。

时间　约前2070—约前1600

部分逃往东方，一部分逃往北方，一部分逃往西南方，来不及逃跑的则成为奴隶。

这次获胜令华夏联盟威名远扬，获得了许多奴隶、土地和财富。四方部族纷纷诚心归附。

定九州、铸九鼎

在部落联盟时代，为帝者统治的并不是一个权力集中的国家，天下全是大大小小的诸侯国和氏族部落，数都数不过来。后来，由于五服划定、三苗败退，部族联盟的威势日益增强，大禹的权力越来越大了。

为了树立权威，巩固统领地位，大禹决定召开一次诸侯大会，大会的地点定在黄河与长江之间的涂山（位于今天安徽省怀远县），就是当年大禹与妻子相遇的地方。

连大禹都没有想到，前来参加会议的诸侯首领竟有上万人。这些诸侯首领中，大国首领带着玉石，小国首领带着丝织物，这些在当时都很珍贵。

大禹顺势举行了一场声势浩大的祭天地仪式，目的是昭告众人，他是上天选定的管理者，是天之子！祭祀之后，大禹又举行了一场豪华隆重的音乐歌舞大会，以展现自己的武功。诸侯首领们看得眼花缭乱，深深地被

知识充电

涂山之会　涂山之会其实是夏朝建立的关键节点，有些学者认为它是夏朝建立的标志。这次盟会将大禹的权威推到了超越部族联盟首领的地步，他在茅山诛杀防风氏，正是这种生杀予夺大权的直接体现。权力的高度集中使中国第一个封建王朝夏朝应运而生。

大禹的强大折服，纷纷表示愿意称臣进贡。

为了巩固统治，大禹恩威并施，一面在涂山盟会，一面又进行了对居于东方的九夷部落的战争，因为三苗一向与东夷关系密切，双方多次互通婚姻。这一战依旧以大禹获胜告终，至此，四方诸侯纷纷归附大禹。

传说为了有效地控制疆域，他把天下划分为"冀州、兖州、青州、徐州、扬州、荆州、豫州、梁州、雍州"九州。九州诸侯年年向大禹进贡，大禹收集贡物中的"金"（青铜）铸造出九只大鼎，鼎上铸满了九州的名山大川、奇异之物，意即天下九州万国，均由大禹统一管辖。

后来，大禹又去了夷人聚居的茅山，召集茅山附近各氏族部落和各诸侯国的首领前来赴会。到了指定日期，大家听命前来，盛况不亚于涂山大会。大禹照例安排了祭祀和乐舞，考察诸侯献上的贡物，并赐他们封号。为了纪念这次盛会，后来，他将茅山改名为"会稽（kuài jī）山"。

马家窑文化涡纹彩陶盆

不过也有未按时到达的部族，比如典礼结束后才姗姗来迟的防风氏，大禹直接将他处死，以威慑其他人，这一举动吓得其他诸侯国再也不敢有倨傲之心。

此后，大禹开始大力宣传道德、礼仪、教化，希望以此令百姓对自己毕恭毕敬，再无反叛之心。

对于犯罪的人，大禹毫不手软，制定出许多前所未有的残酷刑罚，后世称为"禹刑"。比如，"大辟"是杀头的死刑；"膑"是挖去膝盖骨，或斩断双脚，使人终身残疾；"宫"是割掉生殖器，使人失去生育能力；"劓（yì）"是割掉鼻子的残酷肉刑；"墨"是在脸上刺字，然后涂上黑色，使人终身带有耻辱的印记。这些刑罚虽然残酷，但对中国法制的发展很有意义。

通过恩威并施的手段，再加上军队、刑法和监狱，大禹逐步巩固了自己手中的权力。

未解之谜

九鼎失踪

九鼎因象征着九州，且铸成于天下一统之时，因此逐渐成了国家权力的标志和最重要的礼器。九鼎代代传承，夏被商灭亡后，九鼎被迁到了商的都城亳邑。商被周灭亡后，九鼎被迁到了周朝的镐京。后来成王在洛邑营造新都，又将九鼎安置在洛邑，谓之"定鼎"。然而九鼎作为镇国之宝传承两千年后，却神秘失踪于周朝末期的战火中，至今不知所在，成为千古之谜。

花山岩画

花山岩画地处广西崇左市，描绘了千百人集体舞蹈的大型祭神场面，与其所依存的山体、河流、台地构成一幅壮丽的画卷。岩画中的人物都是正面或侧面形象，双手上举，两腿下蹲。由画中场景，我们可以联想夏禹涂山盟会祭祀天地的盛况。

17 建立夏朝

及禹崩，虽授益，益之佐禹日浅，天下未洽。故诸侯皆去益而朝启……有扈氏不服，启伐之……遂灭有扈氏。天下咸朝。
——《史记·夏本纪》

【人物】益、启、有扈氏、武观

【事件】启夺帝位、甘之战、武观之乱

启在大禹死后，取代益继位，从此尧舜以来的禅让制变为世袭制，"家天下"取代了"公天下"。通过甘之战，启击败了强有力的有扈氏，夺得天下共主之位，并在钧台召开诸侯大会。启晚年时发生了武观之乱，平乱后启开始沉迷于享乐，导致政局动荡。

从此天下归夏家

大禹兢兢业业地治理九州，一年年忙忙碌碌。到了晚年，他去巡视东南地区，结果由于年事已高、过度劳累而不幸病逝，葬于会稽山。

大禹生前曾按照尧、舜禅让的惯例，选定贤明的皋陶（gāo yáo）为继承人，但皋陶身体不好，比大禹早逝。后来，大禹又选定了益。

按照尧舜时代的传统，似乎大禹去世后，益再三辞让而百姓归附的剧情又将上演。然而这次，不同了。益按照以往传统离开都城避让时却发现，自己避居箕（jī）山以后，诸侯根本不来觐见，而是去朝见启，大家都

时间　约前2070—约前1600

镶嵌绿松石兽面纹铜牌饰

镶嵌铜牌饰是一种主要流行于夏代的青铜器，镶嵌绿松石兽面纹铜牌饰，又名"嵌绿松石饕餮纹铜牌饰"。这件铜牌饰出土于河南偃师二里头遗址，长14.2厘米、宽9.8厘米。牌饰表面用数百块形状各异的绿松石小片铺嵌成饕餮纹图案。饕餮双目正圆，稍凸起，鼻与身脊相通，上唇向内卷曲，对钩"T"形角，两角长而上延，卷曲似尾，均不同于后来的饕餮。这件牌饰的饕餮纹，是青铜器中已知最早的一例。

说：继承王位的应该是先王的儿子启，他辅助大禹治水有功，是不容置疑的贤德之人。

产生这种局面，一是由于益在位时间尚短，威望没有建立，二是和大禹的私心有关。大禹虽然选定益为王位的继承人，但同时也没有忘记栽培儿子启，他让启接触各路诸侯，从而熟知政事并培养亲信。这么一来，启既有资历，又掌握了实权，诸侯百官自然公开支持由启继位。

眼睁睁地看着本该属于自己的王位莫名其妙地没了，益很不甘心。他率领从东夷部落调集的兵力，一路冲进王宫，将启囚禁起来，公开举起了反叛大旗。

然而启不是孤家寡人，他的母亲是涂山氏的女儿，背后有涂山氏的势力，拥有这样雄厚的背景，他又怎么可能轻易言败？没过多久，启就在狱官的帮助下逃了出来。他集结那些支持自己的文武官员及各路诸侯，安排兵力，向益发起了猛烈的反攻。

由于势单力薄，益最终成了阶下囚。为了永绝后患，启下令杀死了益，那些支持过益的势力也受到了打压。启子承父业，登上了天下共主的位置。这场权力争夺在中国历史上意义重大，标志着尧舜以来的禅让制变为了世袭制。从此以后，"家天下"取代了"公天下"。

5 夏启消灭有扈氏

启为了巩固统治，不光杀死益，还杀死了不少支持益的人。这件事引起了很大轰动，举国上下议论纷纷，有支持启当夏王的，当然也会有反对的，只不过谁也不敢大张旗鼓地提出抗议，除了有扈（hù）氏。

有扈与夏以前都是姒（sì）姓部落，有扈首领与启是远亲。当年为了争夺地盘，有扈部落曾与炎黄部落发生过好几次大冲突。大禹为了收服有扈部落，与对方交战过三次，都没能如愿。后来，大禹采取教化的办法，教授有扈部族礼仪、施行德政，前后用了将近一年的时间才使有扈归顺，加入诸侯队伍。

见到启大动干戈，踏着鲜血登上王位，有扈氏非常不满，觉得这样背弃了"礼仪德政"。他大造舆论，公开指责启的残暴。

启大发雷霆，将有扈氏归为益的同伙，并纠集军队，浩浩荡荡地向有扈进发，计划踏平对方。

到达有扈南郊一个叫"甘"的地方后，启召开誓师大会，高声诵读《甘誓》做战前动员："有扈氏目无法纪，违背天地规律，摒弃世间正理，因此上天要灭绝他们，而我们将替天行罚！凡是听从命令奋力攻杀的人，一定会在神庙前论功受赏；凡是违反命令的人，不但死罪难免，还要在

史海辨真

夏启登位

关于夏启登位，各类史书记载不一，被称为正史的《史记》没有描写启和益争权，只说诸侯背离益而支持启。而《竹书纪年》则直言"益代禹立，拘启禁之，启反起杀益，以承禹祀"，《韩非子·外储说右下》则持"古者禹死，将传天下于益，启之人因相与攻益而立启"的观点。真相如何，尚待探究，但从夏启继位后有扈等部族出兵反抗来看，显然夏启的登位过程没有那么和平。

社坛处死他们的妻子儿女!"

誓师结束,夏军展开猛烈的进攻,有扈氏不甘示弱,率领全族奋力抵抗,两军在沼泽地展开了一场决战——夏军重创了有扈,但己方也伤亡惨重。考虑到建国之初,威信未满,夏启决定暂时退兵。回去以后,启修身治国,衣着简朴,饮食清淡,杜绝享乐,重用贤能。一年过后,夏军再次进攻,最终剿灭了有扈。

这一战奠定了夏启天下共主的地位,夏启乘势在钧台(今河南禹州)召开诸侯大会,诸侯中再没有人敢不来了,至此,夏启确定了天下共主的地位。

登上宝座的启建立了一系列制度,使原始的部落联盟具备了国家雏形,这标志着夏朝最终诞生。从此,原始社会结束,奴隶社会开始。

二里头夏代陶爵

夏朝的"家天下"虽然权力集中,但也导致了惨烈的继承之战,启晚年时,武观开始觊觎王位,私下招兵买马,准备发起叛乱。

武观是启的第五个儿子,是"观"地(位于今河南省淇县、浚县一带)的诸侯,所以又称"五观"。"五"与"武"谐音,遂写成"武观"。

武观见父亲继承了王位,前呼后拥好不威风。尤其钧台大宴时,各诸侯首领朝拜的情景,令他心旌摇荡。

自此以后,武观开始对有继承权的长兄态度倨傲,还多次公开表示,王位是父王传下来的,哪个儿子都可以继承。

启觉察到武观的心思,怕他成为祸端,找了个机会将他外放到"西河"(位于今河南省安阳市一带)。

不但没当上王,连原来的封地都没有了,这让武观更加郁闷,他开始

知识充电

誓

誓，是中国早期战争中的一种仪式，也指对应的誓词。按照《尔雅》的解释，聚集军队而加以规诫就称为"誓"，"誓"的意思侧重于约束。具体可能涉及鼓舞士气、阐明赏罚等内容。上古时代的一些"誓"通过经书得以保留，既是研究历史的重要材料，也是上古文学的起源之一。

暗中纠集兵力，打造武器。足足准备了四年后，武观率领一支人马在西河公然发起叛乱。启听说以后非常愤怒，便派诸侯彭伯寿（姓篯名寿，东方大彭国的国君）率兵镇压。

这场战争以武观认输告终，他被捉回到启的面前。

启终于可以安稳地坐在王位上了，他感慨万分，觉得自己辛劳多年，应该享受一下王权的好处。于是，启渐渐沉迷于享乐之中，仅一年就去世了。

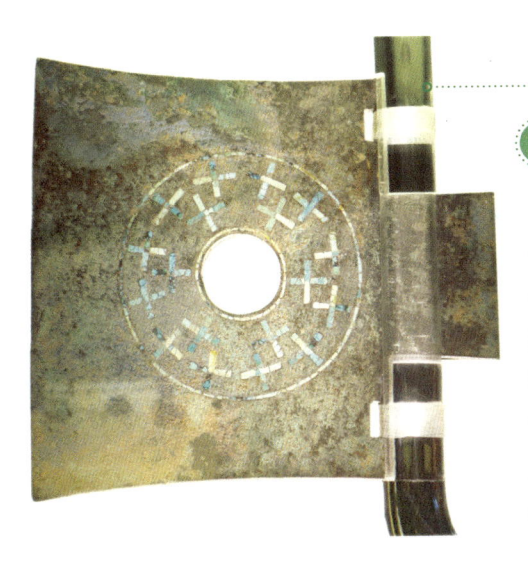

夏 镶嵌十字纹方钺

镶嵌十字纹方钺为夏代晚期的青铜器，长35.6厘米，刃宽33.2厘米，厚0.9厘米，器身上有精美的镶嵌装饰，中心圆孔周围环列两圈用绿松石嵌成的十字纹，纹饰较为特殊，所以被命名为镶嵌十字纹方钺。钺，是古代用于杀戮的刑具。图中的方钺大而重，刃部平口无锋，且用绿松石镶嵌，不具备实战功能，应当是一件礼仪用器。

时间　约前2070—约前1600

18 几乎被灭的夏朝

> 浞行媚于内,而施赂于外,愚弄其民,而虞羿于田。树之诈慝,以取其国家,外内咸服。
>
> ——《左传·襄公四年》

【人物】太康、后羿、仲康、胤侯、羲和、寒浞、寒浇、寒豷

【事件】太康失国、征伐羲和、后羿代夏、寒浞夺位、寒浞灭夏

太康继位后,耽于享乐,不修政事,被后羿谋夺了政权,流亡终老。后羿扶植了两代傀儡夏王,然后篡夺了王位。后羿执政晚年,信任义子寒浞,疏远贤臣,终被寒浞所杀。寒浞自立为王,国号为"寒",屠杀有穷氏,灭掉夏。

后羿攻克夏王都

夏王启晚年虽耽于享乐,但不至于昏庸无度,夏家的统治仍然能勉强维系。

启去世以后,长子太康继承王位。太康没有继承祖父大禹和父亲启的管理才能,也没有继承祖上的德行品质,反而完全继承了启的享乐做派。自登位以后,太康"盘于游田,不恤民事",每天忙着游山玩水、狩猎,全然不顾民生民情。时间久了,民怨渐起,可太康只想着四处游玩。

一些忠心耿耿的官员规劝太康,希望他能以国事为重,关心农业、手

工业生产，花时间联络和监督各诸侯国，以免惹起祸端。太康的母亲和弟弟们也不时进言，但太康全都听不进去。

他外出游玩的时间越来越长，去的地方也越来越远，经常十天半个月不在都城。

夏朝的东北部有一个叫"有穷"的方国，是东夷的一支，因为居住在"穷石之地"，所以叫有穷国，"穷"古代时和"䝨"通用，"䝨"字下面是一把大弓，可见有穷国人善于制造弓箭。有穷国首领名叫"后羿"，这位后羿虽不是上古射下九个太阳的英雄，但是他的射箭技术也非常高超。

后羿身强力壮，拥有一支战斗力极强的军队，在他的领导下，有穷国实力不断增强。倚仗强悍的军力，后羿一直对夏朝虎视眈眈，无奈瘦死的骆驼比马大，夏朝统治虽昏庸，但还有四方诸侯出兵相助，国都并不好打。

但是某天，后羿得到一个消息：夏王太康率军去洛水打猎，已经一个多月没有回国都了——这可是一个大好的机会！后羿赶紧下令全军做好准

这幅图描绘了夏王太康贪图游猎丢失都城的故事。图中黄衣白马者为太康，红衣拉弓者为后羿。"后"在古代是"王"的意思，此处的后羿是有穷氏的一国之主，而非上古神话里射日的英雄。

帝鉴图说·游猎失政

备，沿着黄河而下，向守备空虚的夏都进发。

这一次太康在外游玩了一百多天，等率军回程时，国都已然被后羿攻克。此时后羿已派重兵把守洛水北岸，以防太康从那里返回。

太康的兵力无法渡过洛水与有穷军抗衡，只好在南岸暂驻，派人向四方诸侯求援。

诸侯早就看不惯太康的所作所为，没有一个前来援助的。无奈之下，太康只好一路东逃，逃到阳夏才安顿下来。过了四年的贫困生活之后，太康最后病死在阳夏。

太康死后，他在国都的母亲和五个兄弟被后羿驱逐出都城，五兄弟搀扶着母亲来到洛水岸边，想起长兄的下场和祖父留下的训诫，忧伤地唱道：

"啊，万国君主，我英明的祖先。您做事有律、治国有典、造福子孙……都怪那太康荒淫，香火断绝就在眼前！"

这样的歌一共唱了五首，闻者无不落泪，人们将这些歌曲记载下来，称为《五子之歌》。

中外对比

约公元前1900年，太康失国。

约公元前1894年，两河流域的文明古国古巴比伦诞生，逐步统治了从波斯湾到地中海东岸的广袤土地。

5 傀儡王仲康

太康虽然丢了国家，但人们不满的主要是他个人，而非夏家的统治。因此，后羿虽然占领了都城，以失德为借口驱赶了太康，却不敢登上王位，他害怕百姓与四方诸侯联合起来反对自己。于是后羿扶持太康的弟弟

凌家滩玉鹰

凌家滩玉鹰出土于安徽省含山县铜闸镇凌家滩村新石器时代聚落遗址，长8.4厘米，高3.5厘米，厚0.3厘米。其整体造型是鹰，双翼是猪首，腹部是八角星纹，展翅之间神采飞扬。它可能是部落的图腾徽帜，鹰与八角星纹的形象可能反映了先民对鸟和太阳的崇拜。这种崇拜在上古时代多有体现，如本节有穷国后羿名字中的"羿"字，就是鸟张翅破风而上之义。

仲康当了夏王，但整个都城都处于有穷国驻军的控制之下。

仲康只是一个傀儡王，实权仍掌控在后羿手中。仲康任期之内，最值得一提的大事就是征伐羲和，这次征伐自然以仲康的名义进行，但实际主事者是谁，却不得而知。

羲和是羲氏、和氏这两大家族的合称，他们担任观察天文地理、制定历法和节气时令，指导天下百姓顺时生产、顺时收获的重任。可是到了太康时期，政治环境恶劣，羲氏与和氏也跟着花天酒地。

科学发明

发明酿酒

从夏启享乐，到太康失国，有一个词进入了我们的视野——酒。三皇五帝时也有穷奇、饕餮等不肖人物，他们虽贪图享乐却不嗜酒，因为那时很可能还没有真正的酒。古人认为，是一个叫杜康的人发明了酒。还有人作注说，杜康就是少康，是仲康的孙子。本书更倾向另有其人，因为仲康的兄弟们唱的五子之歌里就有"甘酒嗜音"，这可能是夏禹时代就有的祖训。显然，酒在夏朝开始不久就已经被发明出来了。

时间　约前2070—约前1600

　　两大家族每天过着醉生梦死的生活,哪里还会辛辛苦苦地去观测天象?哪里还会及时地督促生产?久而久之,历法节气变得模糊混乱,老百姓无所依据,极大地影响了农业生产。

　　于是夏朝任命胤(yìn)侯为大司马,统率六军去讨伐羲氏与和氏。出发前,胤侯写了一篇《胤征》在军中宣读:"将士们,圣人有言在先,规定了安邦定国的法度。君主要谨慎对待上天的警戒,臣子要遵守常法,恪尽职守……有不能奉行的,国家有刑罚。而羲氏、和氏没有履行自己的职责,每天酗酒玩乐,背德叛行,导致天时节令混乱,百姓不知所从!九月初一,天上出现日食,羲氏与和氏却不知不问,这无疑触犯了先王的刑典,犯下了诛杀之罪。法令规定:天地四时之官,不认真测算历法和时令节气,颁布的历法比天时超前,是犯了死罪;比天时滞后,也是死罪!"

　　考虑到羲氏与和氏都是大氏族,为了减少阻力,胤侯接着说:"所有将士要忠于夏王,辅助我完成征伐的命令,奉行上天的刑罚……我们应严惩首恶,胁从不究,被首恶污染的人,要给予改过自新的机会,不可玉石俱焚!"

　　训话结束,胤侯下令进军。军队很快到达羲氏、和氏的地盘,一路势如破竹。最后,大军处死了两大家族中的昏庸之人,并任用其他人接替官职。

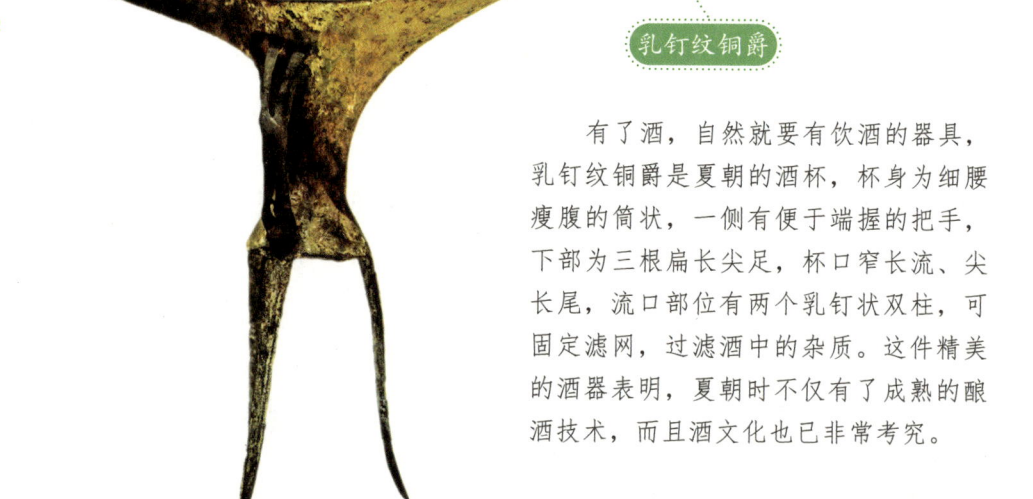

乳钉纹铜爵

　　有了酒,自然就要有饮酒的器具,乳钉纹铜爵是夏朝的酒杯,杯身为细腰瘦腹的筒状,一侧有便于端握的把手,下部为三根扁长尖足,杯口窄长流、尖长尾,流口部位有两个乳钉状双柱,可固定滤网,过滤酒中的杂质。这件精美的酒器表明,夏朝时不仅有了成熟的酿酒技术,而且酒文化也已非常考究。

史海辨真

征伐羲和　　仲康征羲和在逻辑上其实有疑点，羲和若只是渎职的官员，似乎裁撤即可，为何要出动六军征讨？所以有学者认为，征讨羲和或许是取的象征含义，羲和象征历法，征讨羲和也许就象征着夏商时期新历代替旧历。

5 后羿之死

仲康去世以后，他的儿子相继承王位，后羿继续挟天子以令诸侯，掌握夏朝实权。最后，后羿干脆把有穷国国都迁到夏朝国都旁边，然后赶走相，自己登上王位，国号"有穷"。

被驱逐的相匆忙逃到了帝丘（今河南省濮阳市濮阳县东南部），依靠同姓诸侯，在那里另建都城。后羿虽然驱逐了夏王，但百姓和诸侯基本都不愿意拥护他，天下四分五裂，民心不知所向。

后羿并没有管理天下的才能，当初觊觎王位，也不过是贪图权势和财富。当上一国之王以后，他整天沉迷于狩猎，对政务漠不关心。后羿手下有四位贤臣：武罗、伯因、熊髡（kūn）、龙圉（méng yǔ）。从攻打夏朝到篡位称王，他们一直在出谋划策，功不可没。眼见后羿不务正业，四人非常失望。

有一天，四人劝谏后羿："建国不易，大王要勤于政事，关心百姓啊！"后羿根本不想听人管教，便有意疏远四人。这一切，被一个叫寒浞（zhuó）的奸诈之人看在眼里。

寒浞原是寒国（今山东省潍坊市寒亭区）人，寒国是臣服于夏的方国，首领名叫伯明。

寒浞从小娇生惯养，长大以后胡作非为，经常抢别人的东西，十几岁便搅得四邻不安。父母见他实在过分，忍不住训斥几句，哪承想寒浞仗着身强体壮，将父母捆绑起来，照样出去为非作歹。

族人无法忍受，告到首领伯明那里，寒浞被驱逐出境。

离开家乡以后，寒浞听说后羿攻占夏朝都城自立为王，认为对方是个很厉害的大英雄，便前去投奔。到了夏都，寒浞在城里晃荡了十多天才见到后羿，他使出浑身解数，百般讨好，最终遂了心愿。

后羿对寒浞一见如故，不顾众人反对，收他做了义子。寒浞收敛恶习，处处小心谨慎，广交权贵，培养盟友，逐渐得到大家的信任。后羿见其身强体壮，勇猛过人，便让他在军队中当了一个小头目。

寒浞如鱼得水，多次在与诸侯的对战中立功，不到一年时间便升为大将军，后来又屡屡升迁，成为总揽朝政的"相"，地位处于一人之下、万人之上。他利用手中权力结党营私，暗中扩大势力。

寒浞见后羿疏远贤臣，心里暗自高兴，从各地挑选能歌善舞的美女送入宫中陪着后羿花天酒地，征集打猎高手和骏马供后羿调用……后羿非常开心，时不时跟别人说："义子寒浞甚合本王之意。"

武罗、伯因、熊髡、尨圉发觉寒浞在将后羿引上一条亡国之路，提议将他免职定罪。后羿却听不进去，依然重用寒浞，沉迷享乐。

科学发明

夏朝的针砭疗法

针砭疗法起源于石器时代，至少已有两百多万年的历史，相关器具在《黄帝内经》所述砭石盛行的山东省出土最多。针砭用针多为细石制成，种类多样、制作精巧，各有各的用途，是刺络、针灸、刮痧疗法的鼻祖。

夏　陶鬲

鬲（lì）是古代的一种炊具，用于蒸煮食物，与鼎相近，但足空，且与腹相通，这是为了更大范围地受热，使食物尽快烂熟。鬲只用作炊具，所以体积比鼎小。

炊具可分为陶制、青铜制两大类。一般百姓多用陶制，青铜炊具为贵族所用。

有一天，后羿外出巡游，遇到一位美丽的女子，便强行将其召入宫中，封为少妃。这位少妃名叫纯狐，是个非常聪明的女子。她痛恨后羿霸占了自己，却不动声色地讨好对方，还暗中勾引野心勃勃的寒浞。二人一拍即合，密谋杀死后羿再篡夺王位。

此后三年里，寒浞与纯狐陆续害死了武罗、伯因、熊髡、龙圉等忠于后羿的文武官员，然后换上自己的亲信。

后来，后羿发现了寒浞与纯狐的奸情，盛怒之下要处死他们，可周围却没有人听从他的吩咐。身强力壮的寒浞将后羿丢到床上，一剑刺死，随后自立为王，改国号为"寒"，立纯狐为正妃。

5 寒浞攻灭夏朝

寒浞在纯狐的示意下，开始疯狂屠杀有穷氏族人。逃出虎口的有穷氏族人纷纷隐姓埋名，或投靠在其他部族门下，或远赴偏僻之地，从此中原再也见不到有穷氏了。

寒浞心里非常清楚，自己占有的不过是夏朝的半壁江山，只有再得到夏王相的地盘，才能没有后顾之忧。

果然，第二年春天，夏王相便联合同姓诸侯斟鄩（xún）氏和斟灌氏，兵分三路攻打寒浞。寒浞早有防备，立刻调兵迎战。双方对峙了一个多月，夏军无功而返。

寒浞的原配夫人是蚩尤氏的后代，为他生了两个儿子，长子叫寒浇，次子叫寒豷（yì）。两个儿子继承了母亲勇武强健的血统和父亲的智慧，长得虎背熊腰，力大无穷，十几岁就奔上战场带兵厮杀。

寒浞非常器重寒浇与寒豷。夏军撤退以后，他命令儿子以身作则，广招天下青壮年入伍，不辞劳苦地操练士兵。与此同时，为了争取民心，寒浞下令实行削富济贫、减轻赋税等一系列利民政策，百姓的生活渐渐得到改善，国势也随之强盛起来。

经过十年的韬光养晦，寒浞在两个儿子的支持下，向夏王相的领地发动突袭，掠夺大量财物，俘虏了很多夏朝的百姓。回来以后，寒浞将战利品分给官员和诸侯，拥护他的人更多了。

又过了一年，寒浞向夏朝发动全面进攻，他采取逐个攻破的战术，先命寒浇率领主力军攻打斟灌氏的弋邑（位于今河南省太康县与杞县之间），自己则与寒豷假装攻打夏朝都城和斟鄩氏（位于今山东省潍坊市西南），使他们无法抽出兵力驰援。

斟灌氏孤军作战，很快被寒浇的精锐军击败，弋邑失陷，首领姒开甲

知识充电

夏朝人穿啥

夏朝服饰带有鲜明的图腾色彩，一般为上衣下裳：上衣代表天，天没亮时是玄色，所以上衣为黑色；下裳代表地，土地为黄色，所以下裳为黄色。当时丝绸的生产能力还不强，只有部分官员穿丝绸服饰，大多数官员穿的仍是布衣，百姓穿的都是粗布、草鞋。

率领残余兵力退守斟灌（位于今山东寿光东北）。寒国虽然首战告捷，但也损失不少兵力。寒浞考虑再三，决定罢兵休战，分封将士，养精蓄锐。夏王相本可以趁此机会发起反击，但他被寒国的强大攻势吓坏了，不敢进攻，只是下令加强防守。

六年以后，寒浞卷土重来，与夏朝再次展开一场大战。这一次，依然由寒浇率领主力部队，攻打诸侯斟灌氏。似开甲率军迎敌，不小心中了对方的埋伏，最后全部战死，斟灌失陷，城中百姓遭到大肆杀戮，幸存者全部沦为寒国的奴隶。

二里头遗址夏都宫殿建筑模型

二里头遗址位于洛阳盆地东部的偃师市境内，距今三千五百到三千八百年，是至今为止可确认的中国最早的王国都城遗址，有大规模的夯土建筑群和城垣，如宫殿、居民区、制陶作坊、铸铜作坊、窖穴、墓葬，出土物有大量的石器、陶器、骨角器、玉器、铜器，等等。

玉璋

寒浇一鼓作气，继续攻打斟郭氏。双方在淮河展开一场激烈的水战。

淮河水流湍急，斟郭氏的兵士大多不会游泳，只能在船上与寒军厮杀。而寒浇派了几十位熟悉水性的精兵，潜入河中凿穿对方的战船，然后趁乱攻杀。最终斟郭氏首领似木丁在混战中身亡，斟郭氏全军覆没。

寒浞砍掉夏王相的左膀右臂后，开始围攻夏都帝丘。夏王相率众抵抗，但寡不敌众。

寒军侵入帝丘，在城里展开屠杀，夏王相及族人都死在寒军刀下。夏朝疆域全部归入寒国。

知识充电

夏朝人如何加工肉食

夏朝人烹饪肉类的方法极其丰富：直接在火上烧叫"燔"（fán），串起来近火烤叫"炙"，抹上草泥扔在文火里烧烤叫"炮"（páo），还有烙、脍、熬、煨，等等。而且他们还会做生肉脯——将牛、羊、鹿最好部位的肉切成条状，加调料腌浸并用木棒轻敲，然后晾成肉干保存。

19 短暂的复国和中兴

少康灭浇于过，后杼灭豷于戈，有穷由是遂亡，失人故也。
——《左传·襄公四年》

【人物】后缗、少康、寒浞、予、槐、芒

【事件】少康中兴、征伐东夷、九夷臣服

少康是相的遗腹子，自幼历尽苦难，长大后与人合力攻灭寒浞，使夏朝再度兴盛，史称"少康中兴"。为巩固在东方的统治，少康征伐东夷，后历经三代，终于彻底征服九夷。

王子少康复仇记

寒浞虽然在帝丘进行了惨烈的屠城，却没能断绝夏家的血脉。一个名叫后缗（mín）的妃子急中生智，偷偷从城墙下的阴沟里爬了出去，逃回了娘家有仍氏（位于今山东省济宁市南）。不久以后，后缗生下相的遗腹子，取名"少康"，意思是承继祖辈太康、仲康，恢复夏朝天下。

少康长大以后，在有仍氏担任主管畜牧业的"牧正"。他发愤图强学习本领，等待时机复兴夏朝。

然而好景不长，少康十五岁那年，寒浞收到消息，得知夏王相留有一个遗腹子，已经长大成人，他非常震惊，立即派寒浇带人去有仍氏搜捕。少康于是逃到了有虞氏部落（今河南商丘虞城东）。

时间 约前2070—约前1600

有虞氏的首领虞思非常喜欢这位年轻人,让少康担任主管饮食的庖正,并把两个女儿嫁给了他,还赐给他五百奴隶,以及纶邑(今河南省商丘市虞城县东)之地。

少康有了根据地,每日习文练武,广施恩德。他一面宣传先祖大禹的功绩,暗中招揽夏朝余众,一面派出女艾到寒浞那里刺探情报,准备发起一场复国之战。

经过数年励精图治,在崇开、伯靡等人的帮助下,少康逐渐羽翼丰满。在寒浞杀相三十五年后,少康正式向寒国宣战。

而寒浞此时已然是垂暮之年,两个儿子又受少康的间谍挑拨互相攻杀,寒国一时力量大减。

复国大军一路攻来,寒浇和寒豷的封地都被少康占领。

除掉了寒浇与寒豷,寒浞孤掌难鸣。少康的复国大军一鼓作气,陆续收复大部分失地,一直攻到寒浞的老巢,将寒浞抓获。少康历数寒浞各项罪状,下令将其处以极刑,寒浞一族尽被处死。

就这样,少康历经千辛万苦,终于恢复祖上江山,重新建立起夏朝,定都纶城(今河南省商丘市东)。他深知百姓是国家之重,复国后每日勤于政事,从不懈怠。

他恢复了太康时代被撤销的"稷"这个主管农业生产的职务,又任用

风云人物

有仍氏

有仍氏是太昊、少昊的后代,也称为"有任氏",在公元前6000—公元前4000年之间建立起富足强大的方国,是中华文明中最早建立的族邦国家之一,少康复国以后将其封为"任国",其族民成为"任"姓祖先。

> 夏　网纹青铜鼎

夏代网纹青铜鼎是迄今为止我国考古发现最早的青铜鼎。此青铜鼎1987年出土于偃师二里头遗址，通高20厘米、口径15.3厘米、底径10厘米，造型和纹饰风格与河南龙山文化晚期的陶鼎形制一脉相承，但材质却是当时罕见的贵金属——青铜。二里头遗址青铜鼎，是王权礼制萌生的象征。

商国诸侯冥担任水正，努力修缮失治的河道，让黄河两岸的百姓摆脱洪水的威胁。

各国诸侯见少康雄才大略，纷纷前来归附。在少康的治理下，夏朝天下安定，再度兴盛起来，史称"少康中兴"。

5 九夷部族的臣服

少康在治国安民时有一个心病——各诸侯国、部落、方国时而臣服、时而叛乱，可以说是夏朝的一大隐患。尤其是东方，那里分布着九夷部族。九夷之中只有方夷前来朝见，向夏朝称臣纳贡，其他八夷与夏朝的关系比较紧张。当年太康失国，就是因为东夷有穷国的入侵。

为了永绝后患，少康决定发动一场征伐东夷的战争，彻底粉碎他们对夏朝的觊觎之心。征伐九夷是一场旷日持久的战争，少康穷尽毕生之力也没能达成。

少康死后，儿子予继承王位，他立志要完成父王的未竟之业，积极准

> **知识充电**
>
> **九夷**
>
> 在先周时代，中华大地部族林立，华夏族只是其中的盟主。华夏以外还有九黎、三苗、九夷等强大部族。九夷，就是对当时在山东东部、淮河中下游地区活动的部族的泛称。对于九夷的"九"字，《后汉书·东夷传》认为："夷有九种，曰：畎夷、于夷、方夷、黄夷、白夷、赤夷、玄夷、风夷、阳夷。"也有人认为"九"并非具体数目，只表示部族众多。

备征伐东夷。

予先率大军征服了周边一些小国，然后挥师北上，用了三年时间收服黄河以北大部分地区。

为了便于出征，予将都城先迁至黄河北岸的原（位于今河南省济源市），后又迁至老丘（位于今河南省陈留县）。从那里出兵既可以减少行军路程，也便于补给。

一切准备就绪，予让长子槐监国，自己率军东征九夷。出发前，他下令各诸侯派兵助战，许诺得胜以后，九夷的金银财宝、马匹俘虏，谁抢到手就归谁。

诸侯们当然不会放过发财的好机会，赶紧挑选一些能征善战的将士助战。

夏军一路凯歌，几乎没遇到什么阻力便打到东海之滨，所到之处，夷人首领都来纳贡称臣。有个叫"三寿"的东夷部落献上一只雪白的九尾狐，那只狐狸属于稀有动物，白色的尾巴有很多分叉。

看到这件珍贵的贡品，予非常高兴。他知道九尾狐是一种祥瑞之物，预兆天下太平，国泰民安，当年大禹也在涂山见过它。

可惜的是，予因不治之症而早逝，没能见到九夷来朝的盛况，他的儿子槐继位做了夏王，槐又把王位传给了芒。此时九夷部族已被彻底征服，陆续前来称臣纳贡，少康当年的心愿终于实现了！

奇闻逸事

九尾三变

九尾狐的寓意在中国历史上历经了几次转变。在传说形成之初，它是一种凶猛的恶兽，如《山海经》记载，九尾狐居青丘国，有四只脚和九条尾巴，声音像婴儿一样，会吃人；如果吃了九尾狐的肉，可避免妖邪之气。后来，有传说称大禹曾与九尾狐相遇于涂山，更有传说称涂山女就是九尾狐，九尾狐也因此成了祥瑞的象征，在汉朝的石像中经常与兔、蟾蜍并列于西王母身边。但到宋朝以后，九尾狐再次被妖魔化，成了可恨的妖物。

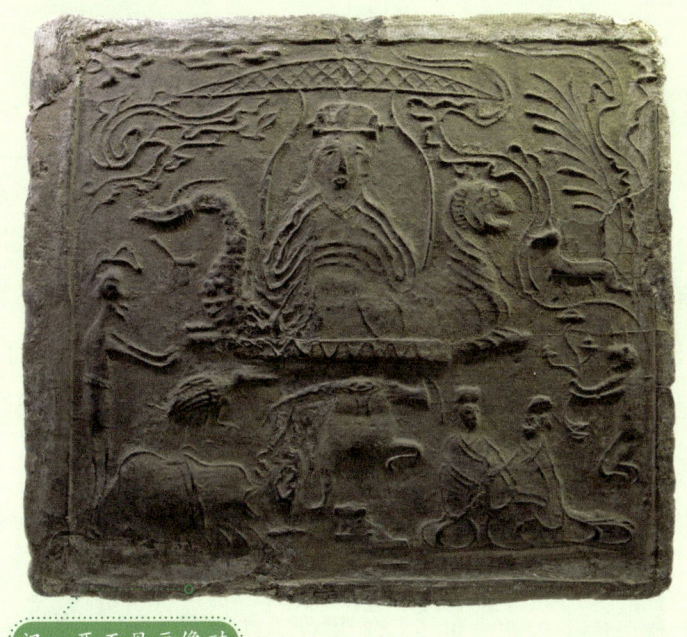

汉　西王母画像砖

时间　约前2070—约前1600

20 商族的崛起

> 帝孔甲立，好方鬼神，事淫乱。夏后氏德衰，诸侯畔之。
> ——《史记·夏本纪》

【人物】芒、孔甲、刘累、癸、相土、王亥、王恒、上甲微

【事件】孔甲养龙、末代昏君、商族崛起

孔甲在位期间"好方鬼神"，肆意淫乱，夏朝国势转而衰落，各部落首领纷纷叛离。到癸当政时，残暴昏庸，夏朝外患不断，内忧频起。此时，东方一个强大部族——商族悄然崛起。

爱养"龙"的孔甲

九夷臣服之际，夏朝也步入后期，此时迷信思想非常盛行，遇到事情不是占卜就是祭祀。芒继位不久，举行过一次祭祀黄河之神的仪式，连当年舜赐给大禹的那件"玄圭"，也被他沉到河中，以表达对河神的敬意。

芒去世以后，王位传给了儿子泄；泄去世后，王位传给了儿子不降。不降没把王位传给儿子，而是传给了弟弟扃（jiōng）。扃可没有哥哥的胸怀，直接把王位传给了儿子廑（jǐn）。

孔甲是不降的长子，本以为王位一定会传给自己，没想到竹篮打水一场空，只好将希望寄托于鬼神，同时也在暗中培植势力。

由于扃在位不久就去世了，孔甲便认为鬼神起了作用，更加虔诚地进

行迷信活动。终于，廑在位八年也去世了，在朝中势力的支持下，王位落到了孔甲头上，他认为这是上天的恩赐。

孔甲在位期间"好方鬼神"，为政没有什么建树，倒是留下了一些荒诞的传说。传说天帝有感于孔甲的诚心，特地赐下两条"乘龙"（即驾车的龙）。孔甲喜不自胜，因为在尧舜时期才有养龙之事，那时还设了御龙、豢龙两大官职，只是因为龙太少见，这些官职后来逐渐被取消了。有个叫刘累的人，曾经在豢龙氏那里学过养龙的本领，孔甲赶紧派人把刘累请过来，封为御龙氏，希望他能尽心尽力地养龙。

不过，龙特别难养，尽管刘累每天小心翼翼地侍候，还是死了一条雌龙，吓得他瘫在地上不知所措。刘累左思右想，始终想不出一个万全之策。最后，他索性一不做二不休，将死去的龙做成菜献给了孔甲。

孔甲也是荒唐，不仅觉得这肉的味道非常鲜美，还派人让刘累把另一条龙也杀了尝尝。刘累不知消息真假，当即逃跑了，传说他的血脉传了下来，成了刘姓的祖先。

圣帝明王善端录·五音听治

孔甲知道恢复上古的养龙官员，却没想过恢复祖先夏禹的五音听治。在夏禹的时代，君主不忙于关心神异的动物，而是设立了钟、鼓、磬、铎等乐器，天下百姓只要有事，都可以敲响对应的乐器来向国君汇报。

时间　约前2070—约前1600

因为荒唐好鬼,夏朝的统治在孔甲手中转而衰落,诸侯认为孔甲无德,渐渐背离夏朝。

花天酒地的夏王癸

孔甲去世后王位传给了皋,皋去世后王位传给了发,皋和发都没有什么作为,只能眼见夏朝日渐衰落。发去世后,王位传到癸(guǐ),癸就是夏桀(jié)。癸当政时夏朝外患不断、内忧频起,各路诸侯也不再前来朝拜。

癸不是一个无能无为的君主,而是个暴君。他体格健壮、孔武有力,能徒手折断铁钩锁,能在水里击杀鼋鼍(yuán tuó),能在陆地上猎捕熊罴(pí)。

龙虎墓

1987年8月,河南濮阳西水坡遗址发现了蚌塑龙虎墓。蚌塑龙虎墓距今约6000年,墓正中为一男子骨架,头南脚北,左侧为蚌壳摆成的虎,头北面西,背对男子;右侧为蚌壳摆成的龙,头北面东,同样背对男子。由蚌壳龙虎墓以及前章的红山文化玉龙可知,在上古时期,龙并不是今天的形象。因此也有专家认为,孔甲豢养的龙可能是某种稀有动物,甚至有可能是尚未灭亡的恐龙。

> **史海辨真**
>
> **养龙真相** 虽然孔甲豢养的可能并非神话中有灵性的神物,但是夏朝人信奉鬼神却是显而易见的,只不过孔甲所为太过失度罢了。从考古发掘的文物来看,在夏朝甚至更远的年代鬼神祭祀都是很普遍且隆重的,还出现了脱离实用功能专供祭祀使用的法器。

刚刚登上王位的时候,虽然国力较弱,癸仍然有心振兴夏朝。为了便于征伐,他将都城迁到斟鄩,开始率军攻击东边的有施氏(位于今山东省滕州市一带),试图达到杀一儆百的目的。

有施氏是个小诸侯国,对夏国一直怀有二心,但夏国的规模却不是有施氏这种小诸侯国能对抗的。有施氏赶紧请罪示好,表示愿意称臣纳贡。可是,癸不打算接受,决意将其消灭。

生死关头,有施氏打听到癸是个好色之徒,于是连忙选了一位绝世美女送去。美女名叫妹(mò)喜。癸心花怒放,放过了有施氏,带着妹喜收兵而归。

癸十分宠爱这位美丽的女子,不仅将她封为元妃(类似后世皇后),而且有求必应。听说妹喜爱听裂帛的声音,癸便下令搬来很多珍贵的缯帛,在她面前一块一块地撕破。

为了享乐,癸还不惜民力大兴土木,修筑宫殿和楼台。宫殿规模庞大、高耸入云,看上去好像要倾倒的样子,所以叫倾宫。内部还有一座玉石建造的楼台,叫作瑶台。

妹喜和癸在新造的王宫花天酒地,纵情享乐,每天都要观看大型歌舞表演。久而久之,妹喜又觉得无趣,又想要新花样。而癸总是极尽所能地满足妹喜的种种怪癖:她想看人拉马车,癸便命令奴隶套上缰绳,拉着马车使劲奔跑;她爱看人受惊的样子,癸便命人把老虎放到集市上,吓得百

时间 约前2070—约前1600

姓四处奔逃，根本不顾他们的死活……在昏君与宠妃的笑声中，夏朝一步步踏上了亡国之路。

5 悄悄崛起的商族

当夏朝在桀的残暴下日渐衰弱时，一个强大部族却励精图治，在东方渐渐崛起，即商族。夏商两族的势力范围最初并不冲突，夏族在黄河上游建成夏朝，商族则兴起于黄河下游。

商族的起源在"多子多福的帝喾"一章略有提及，他们是帝喾和简狄的儿子契的后代。契长大成人后，因为帮助尧舜治国有功而获封于商（今河南省商丘市一带）。

起初商族可能只是一个游牧部落，为了寻找丰美的水草，商族多次迁徙。在不断迁徙的过程中，这支部族接连涌现出几位杰出的首领。

相土就是一个了不起的首领，他是契的孙子。他设立了槽和圈，并驯养马来拉车和驮运东西。慢慢地，商族从四处游牧变成了定居畜牧，同时又开始了农业种植。畜牧业和农业的发展，令商族逐渐具备雄厚的经济实力和军事实力。相土在位时，受太康失国影响，夏朝没有多少精力顾及各地。相土开始大力扩张土地，一直打到了黄海之滨。

相土死后，商族首领连传三代，到了冥手里。冥很有才干，被夏王少康封为"水正"，

夏 鸭形鼎

即治水的官员。在勘察黄河时,他发现大禹治水时疏通的一部分河道再次堵塞,于是组织两岸人民挖泥沙、疏河道、开沟渠。在前后二十多年的时间里,冥勤恳治水,有效治理了黄河水患,保障了两岸的农业生产正常发展。不幸的是,到了夏王予时期,冥不慎失足,跌入滚滚黄河,因公殉职。后世人民为了怀念他,把冥视为水神祭祀。

冥去世以后,留下两个儿子亥和恒,史书称他们为"王亥"和"王恒"。王亥很有头脑,他设法驯服水牛,用牛代替马驾车和驮运货物。王亥

史海辨真

美人妹喜

妹喜是有施氏的公主,史书中也被写作"妹嬉、末喜、末嬉"。据专家考证,关于妹喜的记载最早出自《国语》,只有寥寥几语,未见任何她有恶行的议论。直至东汉时期,一些记载才将夏朝灭亡与妹喜挂钩,随后逐渐衍生出各种说法,妹喜真实的品行也就无从知晓了。

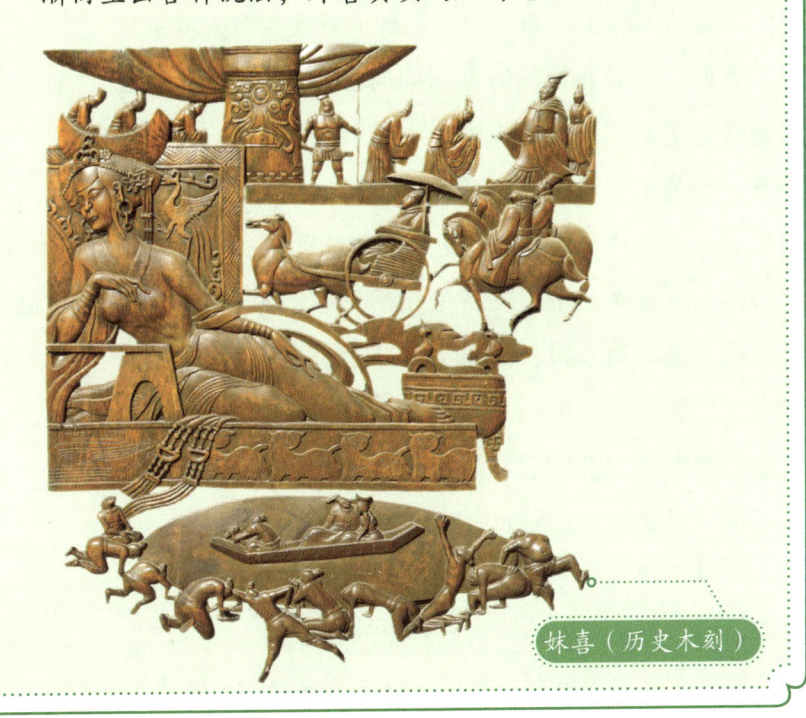

妹喜(历史木刻)

时间 约前2070—约前1600

知识充电

战车登场

在夏代之初,步兵是绝对的主要兵种,士兵作战的武器为戈、矛和弓矢。但是在孔甲的时代,却有了战车应用于战场的记载,还详细划分了车战人员为"左""右""御",这和相土"作乘马"是分不开的——没有马匹拉动,庞大的战车几乎毫无用处。显然,生产力的进步是商族崛起的重要原因。

的改革提高了商族的生产力,他们开始出现了过剩的牛马和粮食。

为了处理这些过剩的财物,王亥和弟弟组织商族人在各地展开货物交易。随着交易活动越来越频繁,商族的财富越来越多,见识越来越广,接触的部族也越来越多。正是因为商族首先进行大规模的贸易,所以后世才把做生意的人称作"商人",王亥也被视为商人鼻祖。

然而,行商在积累财富的同时也可能会有生死之忧。有一次,王亥兄弟俩来到了易水流域(今河北省易县一带)的有易部落贸易。不知是见财起意,还是王亥对有易部落有所冒犯,饮宴之后,有易部落的首领绵臣竟杀死了王亥,并扣留了他们的全部货物,只有王恒等人狼狈地逃回商族。

因王亥被害,王恒支持王亥的儿子上甲微为首领。上甲微决心要报杀父之仇,他一边积极扩充军力,一边设法联合其他部族。那时候,黄河边上有个氏族首领叫河伯,河伯与商族素来保持着良好关系,因此,当上甲微表明来意献上礼物时,河伯爽快地答应出兵。商族和河伯的部落联合起来,很快组建起一支强大的军队。

大军很快攻进了有易部落,商军上下同仇敌忾、士气高昂,有易部落的将士们却不愿意为绵臣效力,士气萎靡。

很快,这场战争有了结果:绵臣当场身死,商族大获全胜。经此一战,商族夺得不少俘虏和财物，敢打商族主意的部族越来越少，商族的名声越来越大。

攻灭有易部落后，商族开始迅速壮大。上甲微之后经历四任首领，到了主癸时期，商族已发展成一个强大的诸侯国——商国。

主癸的事迹没有太多记载，但他儿子天乙留下了很多记载。天乙有很多称谓，诸如"履、武汤、成汤、天乙汤、大乙汤"等，我们按后世最熟悉的叫法称他为"商汤"。

从始祖契到商汤，商族已经迁徙了八次，定都于亳（今商丘古城东南）。此时商已经极为强大，连夏朝都授予其征伐诸侯的权力。由于夏王癸渐失民心，商汤开始对天下之主的位置有了想法。

为了达成目的，一方面，他对国内百姓轻赋薄敛，布德施惠；另一方面，他开始积蓄粮草，训练军队。国力更强之后，商汤开始发动战争立威，威慑诸侯背弃残暴的夏王癸，站到商国一边。利用夏朝授予的征伐大权，商汤征伐了不举行祭祀、屡教不改的葛国。商军轻易取得了胜利，但胜利后商汤只处死了葛国的首领一人，与民秋毫无犯。

凭借大义的名分，强大的军力，以及严明的军纪和高超的手腕，商汤在诸侯中威信大涨。

从征伐葛伯开始，商汤共展开十一次征伐战，每一战都势如破竹，锐不可当，十一战之后，商国无敌于天下，诸侯纷纷归附。

二里头文化玉戈（夏晚期）

夏代的礼仪玉器中，兵器形的玉器占了重要地位。玉戈是典型的礼仪器，以玉为戈始见于二里头文化遗址。玉戈虽出土数量不多，但特点明显：戈刃部略呈弧度，上饰平行的粗阳纹。有的玉戈长达43厘米，器形之大，实属空前。

时间 约前2070—约前1600

21 末代暴君夏桀

> 后桀伐岷山，进女于桀二人，曰琬，曰琰。桀受二女，无子，刻其名于苕华之玉，苕是琬，华是琰，而弃其元妃于洛，曰妺喜氏。
> ——《竹书纪年》

【人物】桀、终古、关龙逄、商汤、伊尹

【事件】众叛夏桀、伊尹辅政、逃离夏台、灭夏试探

桀统治期间荒淫无度、暴虐无道、逐杀贤臣、重用小人，终失人心。商族首领成汤却积极求贤，陆续攻灭夏的羽翼，励精图治，等待时机。

穷兵黩武、众叛亲离

商汤扬威天下之时，桀也发动了不少征伐，但比起商汤的手腕，他贪图财物的目的昭然若揭。为了满足欲望，他在有仍（位于今山东省济宁市）召开诸侯大会，史称"有仍之会"，借机横征暴敛。

桀的残暴让拥护夏国的中坚力量有缗国都无法忍受，没等大会结束，就愤然离开了有仍。

桀暴跳如雷，认为有缗国背叛了夏朝，一气之下率军和其他诸侯一起讨伐有缗国。有缗国毫无准备，稀里糊涂地就被吞掉了。其他诸侯心惊胆战，生怕重蹈覆辙。而桀再次尝到攻灭诸侯国的甜头，一次次挑起战争，掠夺财物、美人。

美人多了，连妺喜都受到了冷遇，被抛弃的她心生怨恨，暗中有了报

复的想法。

癸如此胡作非为，一些忠于夏朝的臣子看不过眼，纷纷出面劝谏。

有一位大臣叫终古，是夏朝的太史令，他多次劝谏癸要关心百姓疾苦，督促农业生产，癸都置若罔闻。进谏多了，癸实在觉得烦了，索性将终古逐出夏宫。

终古非常伤心，捧着自己多年记录的史事和天象痛哭失声。谁都不想当亡国奴，可是夏王终日饮酒作乐，灭亡是早晚的事，那些终古年复一年、日复一日记录下来的宝贵资料，也许终将会被付之一炬。经过深思熟虑，终古带着自己的心血奔向商国。

还有一位大臣叫关龙逄（páng），他心急如焚，捧着绘有大禹功绩的黄图（是一种关于地舆、陵庙、宫观、明堂等事的图画，借此说明当前有亡国的可能，形势甚是危急）来倾宫劝谏："贤德之王爱民如子，勤政节俭，所以国运昌盛，自身长寿！而大王挥霍无度，杀人如割草，若再继续，恐怕天灾降临，有杀身之祸！王啊，一定要改过啊！"

然而，癸却认为关龙逄态度傲慢，言语不祥。他一声令下，命人将关龙逄残忍杀害。

陶蟾蜍

风云人物

关龙逄

关龙逄是中国历史上第一位因劝谏君主而死的臣子，他的事迹被作为历代为臣者的模范，是"文死谏"思想的重要来源。虽然这一思想有对君主盲目遵从的落后成分，但死于进谏的臣子往往也是在主张正义、拯救百姓，这种为真理不惜牺牲生命的精神是值得赞扬的。

时间 约前2070—约前1600

红山文化带齿动物面纹玉饰

该玉饰为祭祀用礼器，造型奇特，像一头虎视眈眈的猛兽，瞪着两只圆眼睛盯着猎物，体现了先民对自然的敬畏之情。

其他官员见状，再也没有人敢去劝谏，而癸转而重用干辛、推哆等奸臣，夏国的政治一片乌烟瘴气。

5 从厨子到宰相

癸诛杀贤臣之际，商汤却表现出求贤若渴的态度，并且得到了一位举足轻重的辅臣——伊尹。

伊尹的名字叫阿衡，小时候是一个弃婴，被有莘氏族的女子捡到，由有莘氏的奴隶厨师抚养，因出生在伊水之畔所以以伊为姓。伊尹聪慧过人，不仅掌握了养父的烹调技巧，还对尧舜的施政之道颇有见地。他长大后成了有莘氏的厨

历代帝王圣贤名臣大儒遗像·伊尹

师，深得有莘国君的喜爱。因为有才华，伊尹还负责教导有莘氏的贵族子弟——他可能算是中国有历史记载的第一位教师。

伊尹是个胸怀大志的人，他明白有莘氏只是一个小部族，不足以施展抱负，能影响天下的只有夏、商两大势力。为了见到商汤，伊尹不惜自贬身份做了一个有莘氏女子的陪嫁奴仆，只因这个女子要嫁给商汤。

来到商国后，伊尹与商汤接触的机会越来越多，他用鼎和俎等炊具，做出一道道美味菜肴，最终引起了商汤的注意。但他不求赏赐，却趁机用做菜调味的技巧揭示治国为政的道理。商汤听了很合心意，也常常主动和伊尹谈起为政之道，准备重用伊尹。可伊尹这时却离开了商汤，去了夏王桀那里。不久伊尹从夏朝归来，而后又离商奔夏。如此反复了五次，伊尹才决心效忠商汤。

商汤大喜过望，立刻免除伊尹的奴隶身份，让他担任"尹"（相当于宰相）的官职，"伊尹"这个称呼即由此而来。这就是伊尹"五就汤，五就桀"的故事，他不是有"选择困难症"，而是觉得商汤虽然贤明但夺得天下不易，夏王桀虽然昏庸，但若能听从劝谏见效更快——伊尹心里想的是谁能更好地造福天下苍生。

为了夺得天下，伊尹为商汤做了周密的计划和部署，他认为夏朝建立四百余年，根基深厚，不能操之过急，应该先攻打夏王朝的拥护势力，还要搜集情报、摸清夏朝的军备情况，联合妹喜等怨恨夏王桀的势力。

商汤无不遵行，势力一天天强大起来。

历代帝王圣贤名臣大儒遗像·成汤

时间 约前2070—约前1600

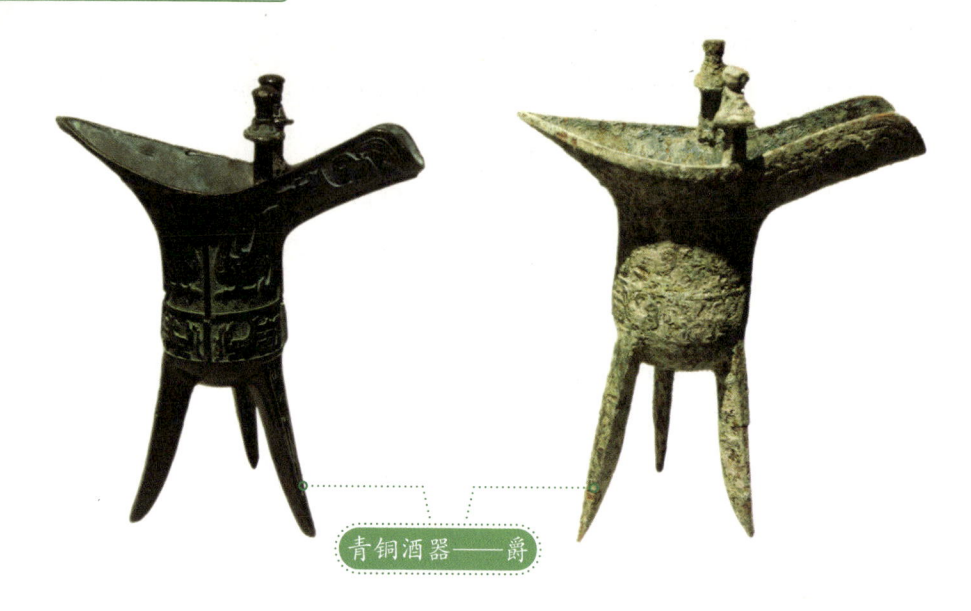

青铜酒器——爵

爵是中国古代一种用于盛放、斟倒和加热酒的容器，铜爵最早出现在夏朝，后成为商代青铜礼器中最基本、最常见的酒器。爵属于贵族阶层使用的器具，在结盟、会盟、出师、凯旋、庆功、宴会时，贵族阶层就用这类酒具饮酒。

5 商汤的夏台历险记

在商汤励精图治的过程中出过一次波折，当癸杀了忠臣关龙逄后，商汤派使者吊唁，此举让人们意识到商汤的贤明，也让癸意识到了威胁。

癸决定找个借口逼商汤来夏国，然后把他关进牢房永除后患；如果他不来，那正好有理由直接攻打。

接到夏王癸的传令，商汤知道凶多吉少，但商国目前的兵力还不足以与夏军抗衡，只得冒险前往。刚到夏都，他就被关进囚禁重犯的"夏台"，随时都有杀身之祸。

好在商汤的亲信积极运作，不惜千金买通了癸最宠爱的妃子琬苕和琰华（就是导致妹喜失宠的两个女子）。

两位美女接受了亲信的要求，愿意与商国合作，时不时地跟癸吹吹枕边风，说了不少商汤的好话。与此同时，商汤在牢里也不停地喊冤，表明自己的忠心，各路诸侯也纷纷求情。

癸毕竟没有商汤谋反的实据，又担心贸然杀他会导致诸侯联合叛乱，于是下令恢复商汤自由。

"敲打"了商汤之后，癸越发骄傲自大，不仅继续为非作歹，还以太阳自诩，觉得太阳在，他便在，恨得夏国百姓们都说愿意和这个太阳一起灭亡。而商汤则逐步展开了计划，开始剪灭夏国的羽翼。

商汤先是以搜刮民脂、贪图淫乐为由攻灭了洛水黄河交汇处的有洛氏（位于今河南巩义市东北），有洛的国君虽无道却是夏王癸的亲戚，对夏朝俯首帖耳。

几年之后，商汤再率大军渡过黄河，攻灭了另一个诸侯国温国（位于今河南省焦作市温县）。

随后又以平乱为名，消灭了作乱的诸侯昆吾氏。几场大战之后，商汤不仅尽数消灭了夏朝的羽翼势力，而且威信空前。他计划接下来全力攻夏，但是伊尹有不同的想法："万一攻夏不成，商国岂不是以身犯险？不如今年暂且不向夏朝献贡，看看对方有什么举动。"商汤觉得言之有理，便命人依计而行。

夏　陶龟

历代帝后像轴·商汤

这下，夏王癸沉不住气了。他颁下一道命令，号召东方九夷起兵伐商。

伊尹听说以后，劝告商汤："夏王癸还能召集九夷的军队，说明时机尚未成熟，不如派人前去献贡，等到时机成熟再作打算。"

于是，商汤采纳了伊尹之谋，备好一批重礼，又写下一封请罪书，派遣使者前去朝拜。夏王癸看过以后，这才消去怒火，命令九夷撤军。

第二年，商汤又没有派人朝贡，夏王癸再次召集九夷。可是这一次，这位国君的反复无常终于使九夷不满，九夷部族不再出兵。商汤明白，时机终于到了。

圣帝明王善端录·网开一面

传说，有次商汤外出，看见一个猎人正在四面设网捕捉鸟兽，并且祈祷道："老天保佑，四面八方的鸟兽，都钻到我的网里来吧。"商汤面露不忍，说："这样不就把鸟兽都杀绝了吗？"于是下令撤掉三面网，只留下一面，并祷告道："该向左跑的就向左跑，该向右逃的就往右逃，实在不守规矩的，就别怪被我捉住了。"

百姓们知道后，都称赞商汤是位有德之君，施行仁德时连鸟兽都顾及了。一时间，前来归顺的诸侯国竟有四十多个，还产生了网开一面这个成语。

22 鸣条之战灭夏朝

> 汤修德，诸侯皆归汤，汤遂率兵以伐夏桀。桀走鸣条，遂放而死。
>
> ——《史记·夏本纪》

【人物】商汤、桀

【事件】诸侯盟会、鸣条之战

商汤举行诸侯盟会，作《汤誓》，与桀大战于鸣条，最终灭夏。经过三千诸侯大会，汤被推举为天子，定都亳，国号为"商"。

景亳的宣誓大会

约公元前1600年，夏朝气数已尽，民不聊生。商汤借着平定昆吾之乱的声势，在景亳（今河南省商丘市梁园区）举行了诸侯盟会。会上，商

科学发明

夏小正 夏朝虽然早亡，但在某些方面却产生了深远影响，尤其是历法方面，至今仍留有按月份记载物候、气象、天文、农事、田猎等活动的文献《夏小正》。《夏小正》中记录的物候和情景非常生动，反映了先民丰富的历法知识。

> **知识充电**
>
> **兄终弟及**
>
> 自夏朝家天下以来,君位的传承成了家族内部的传承,这种传承以父死子继、兄终弟及两种形式为主。这就是夏朝十四代而有十七王的原因,显然一些传位是在同辈兄弟之间完成的。

汤率领一支有七十辆战车、六千步兵组成的主力大军,乘着战车高举象征权力的斧钺,公开宣读了伐夏的《汤誓》:"听我说,不是我商汤以臣伐君,犯上作乱,是因为夏王罪行累累,若不征伐,恐怕上天都要怪罪!他滥用民力,叫百姓服沉重的劳役,建倾宫、剥民财,害得人民不能安居乐业。以至于大家指着太阳咒骂他,宁愿与他一起灭亡!夏朝的统治坏到如此地步,我商汤决心讨伐,宁死也不食言,希望列位与我盟誓,共襄义举!如有违背誓言者,我定会严惩不贷!"

盟誓之后,商汤自号为武王,取勇武之意,各路诸侯纷纷追随。

清 丁善长 历代画像传·商汤

5 商汤革命，建立新朝

终结夏朝之后，商汤率军回到了亳（今河南省商丘市），并于此定都，夏禹铸造的九鼎也被迁移至此处，各地诸侯纷纷携带贡礼来拜，表示臣服。仅在数月之间，即有三千诸侯来到亳集会，商汤在他们的拥护下荣登天子之位，并告祭于天，建起了中国历史上第二个奴隶制王朝，即商朝。商汤的武力变革打破了上古王朝永定的说法，因此在史上又称"商汤革命"。

至此，历时四百七十一年，共传十四代十七王的夏朝灭亡。夏朝的疆土非常广阔，东至黄河下游和济水流域（今河北省东南部和山东省中部），西至华山（今陕西省东南部），南至伊阙（今河南省西部伊河及附近山脉），北至羊肠（今山西省南部丘陵地带）。如果不是因为夏桀荒于德政、暴虐无道，夏朝的大好江山也许还会传承下去。

帝鉴图说·桑林祈雨

据说灭夏之后，天下大旱，连续五年。商汤非常痛心，就来到桑林，以自己的身体为祭品向上天祈祷："如果是我一人有罪，请不要牵连无辜百姓，如果是百姓有罪，就算在我身上。"祈祷后不久，天降大雨，旱情消除。

地图专题

商汤灭夏

本　　质：中国历史上有明确记载的第一次武力改朝换代。

作战双方：商族为主的商军；夏族、三朡等部族组成的夏朝军队。

背　　景：自孔甲以来，多代夏王无道，极大消耗了夏族实力与威信，逐步失去了对其他部族的控制。而商族励精图治，实力大大增长，征服了众多部族。

透过地图说历史：

夏朝的核心城市大体在黄河附近，其中斟鄩就在黄河与洛河的交汇处，位置靠近今天的洛阳。商族的核心区域在今天的河南商丘一带，这里今天离黄河很远，但上古时期正处于黄河的岸边。所以，夏族与商族都是黄河孕育的强大民族，这一战是黄河流域部族的争霸战。

商汤灭夏，决战在鸣条，但最关键的恐怕是斟鄩之战。从地图即可看出，从亳地攻斟鄩最好的道路是在大平原上沿黄河西进。然而，斟鄩位于伊洛平原，周围环山绕河地势十分险要，东面正是后世"一夫当关万夫莫开"的虎牢关。所以商汤舍近求远，绕道阳城，利用山间险道翻越高山，进入斟鄩所在的伊洛平原。商汤从西面进入伊洛平原时，夏桀的重兵多半部署在东面，所以才会仓皇逃走。

攻克了夏朝重镇斟鄩，接下来的不过是一场追击战，战败的夏王癸一路北退，一番组织后才回军接战，打算在鸣条之野与商汤决一死战。

鸣条之战当日，正赶上一场特大暴雨。夏军畏惧，商汤却勇不可当，商军受其鼓舞，不避雷雨勇猛向前，杀得夏军连连败退。

最终，夏王癸无力招架，带领残兵仓皇东逃，一直逃到了属国三朡

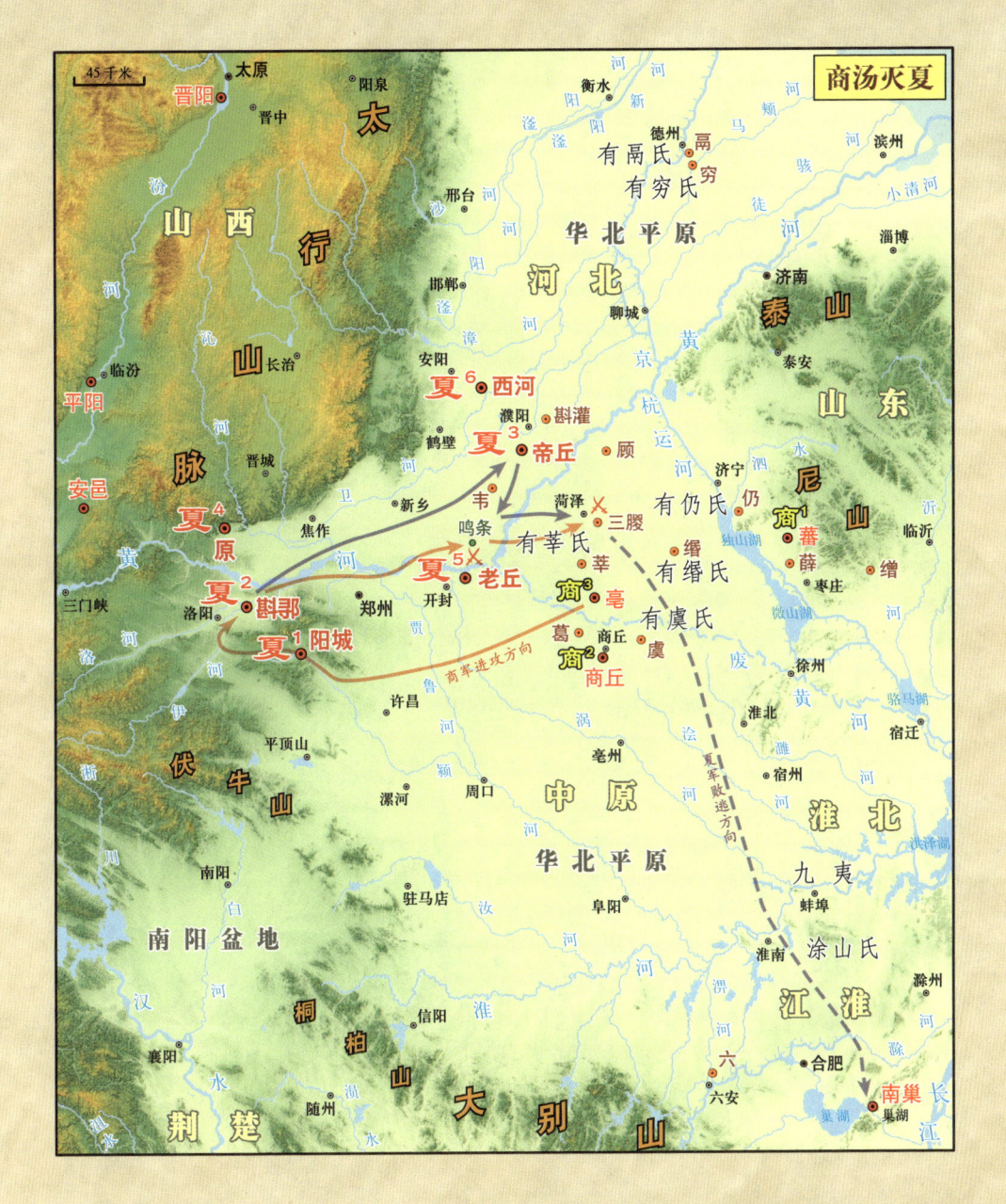

（zōng）寻求保护。然而此时的商汤已不是一个小国能阻挡的了。这一战，三朡彻底灭亡，国君被杀，夏王癸只好向东南奔逃近千里，逃到南巢（今安徽巢湖），郁郁而终，死前他曾说后悔没有在夏台杀死商汤。他死后被人们称为"夏桀"，"桀"就是凶残暴虐的意思。

可能很多读者发现，地图中夏、商的右上角带有序号，这是因为两个国家都曾多次迁都，序号代表了定都的顺序。

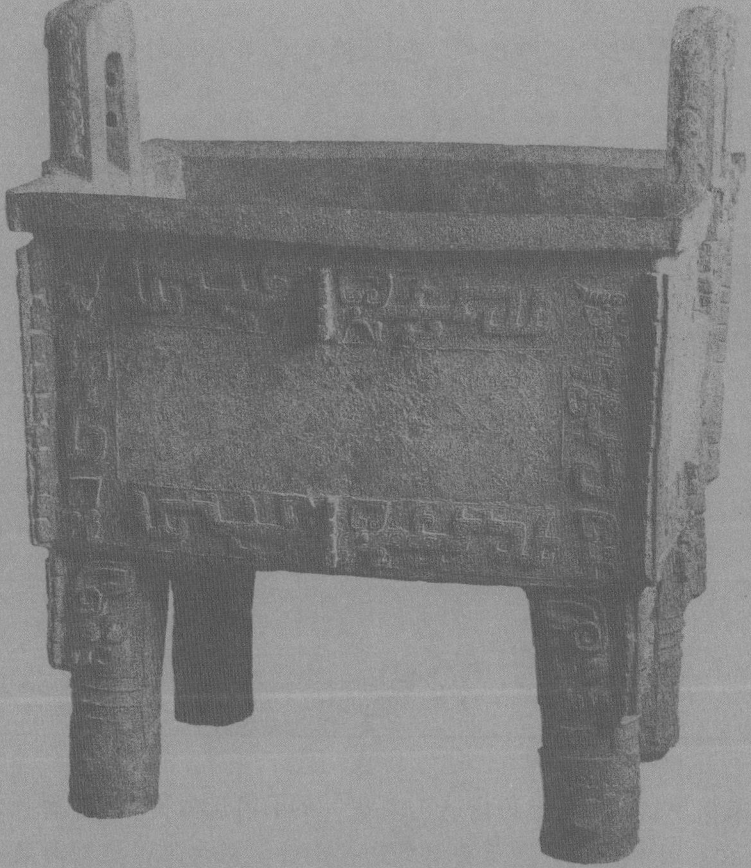

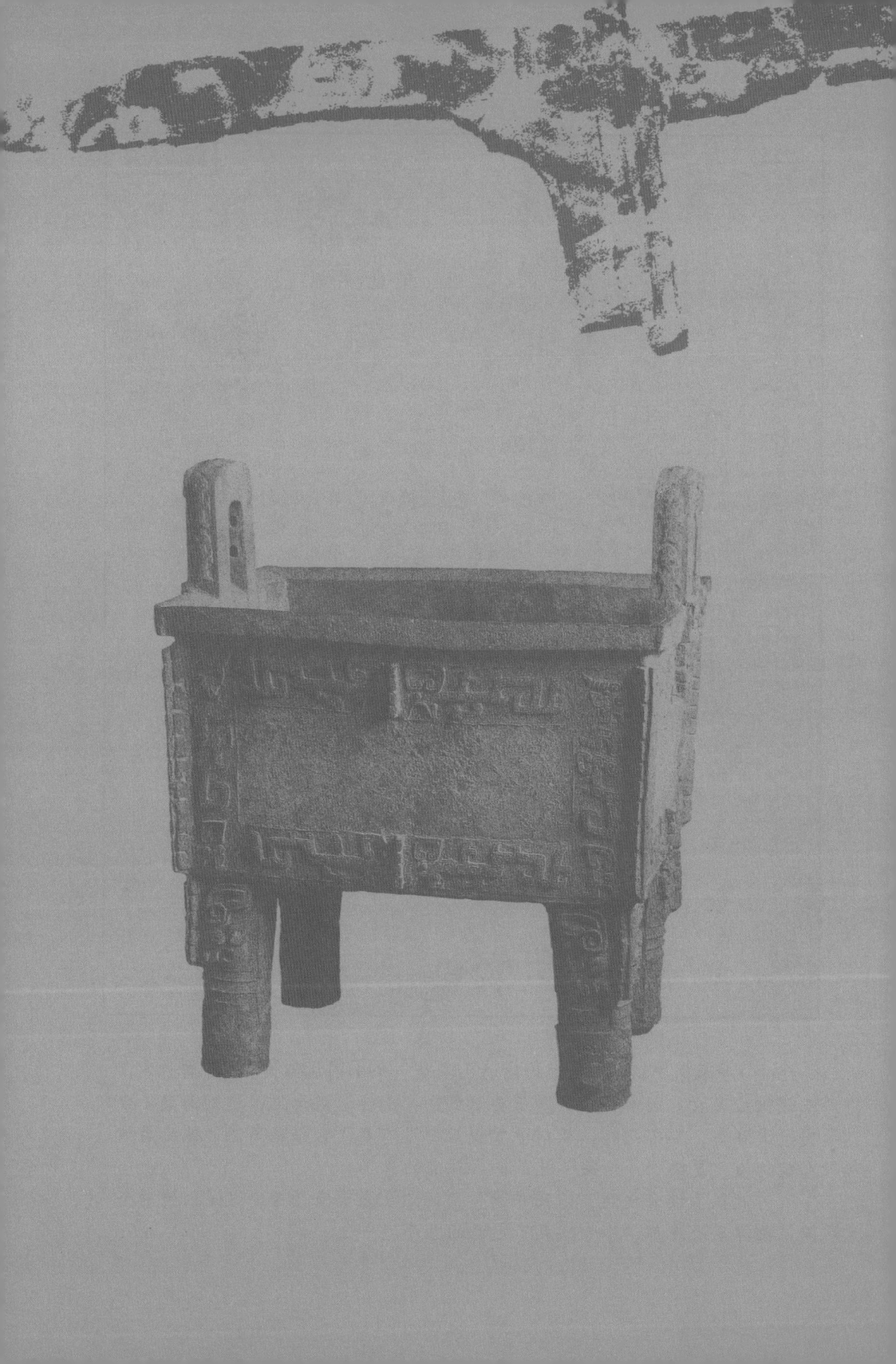

放逐太甲

长寿中宗

盘庚迁殷

武丁盛世

盛极而衰

周命维新

凤鸣岐山

暴君帝辛

文王访贤

武王伐纣

商朝

前1600—前1046

合观诸说，商朝似乎兴于今鲁、豫之间，汤先平定了河南的北境，然后向南攻桀，桀败后是反向东南逃走的。观桀之不向西走而向东逃，可见此时伊、洛以西之地，还未开辟。……夏朝传国共十七代，商朝则三十代。商朝的世数所以多于夏，大约是因其兼行兄终弟及之制而然。

——吕思勉《吕著中国通史》

时间 前1600—前1046

23 被宰相放逐的天子

> 帝太甲既立三年，不明，暴虐，不遵汤法，乱德，于是伊尹放之于桐宫。
>
> ——《史记·殷本纪》

【人物】太甲、伊尹、沃丁

【事件】规劝新君、放逐太甲、悔过自新

太甲继位，少不更事，伊尹写下《伊训》《肆命》《徂后》三篇训词进行规劝，将太甲放逐于桐宫悔过。伊尹尽心辅佐六任君主，为商朝兴盛富强立下了汗马功劳。

顽劣天子太甲

在商朝建立之初，开国君主商汤修改历法，制定了各种典章制度，规定各级官吏要勤恳为民，不得贪赃枉法，否则就要受到严厉的惩罚。在他

知识充电

太牢之礼

古代祭祀时非常讲究等级规格，不同身份的人使用的规格绝不相同。用牛、羊、猪三种牲畜作为祭品是最高规格，叫"太牢"，只有天子才能享用；诸侯祭祀只备羊、猪，称"少牢"。据记载，伊尹死后，沃丁就是以太牢祭祀，可见他对伊尹的敬重。不仅如此，殷墟出土的甲骨文中也多有关于伊尹的祭词，可见记载不虚。

的统治下,商朝稳定了根基。

十三年过去,商汤去世,帝位传给他的长子太丁,太丁寿命不长,他死后王位先后传给两个弟弟外丙、仲壬,外丙、仲壬都是短命帝王。于是商朝初建不久就连丧四王,政局难免动荡,幸而四朝元老伊尹仍在,他稳定了局面,辅佐太丁的儿子太甲继承王位。

由于过早失去父亲,太甲缺少管教,贪玩又任性。伊尹有些担心,一连写下《伊训》《肆命》《徂(cú)后》三篇文章来训诫这位新君,规劝他修身治德、分清是非、尊重法律。

前两年,太甲还肯听从伊尹的建议,但第三年便不愿再受伊尹的管制,开始肆意残杀无辜,横征暴敛,把祖先的法规都抛在了脑后。

心系苍生的伊尹几经规劝都没有起到作用,索性行使"保衡"大臣的权力,把不听劝的国君太甲流放到商都郊外的桐宫(位于今河南偃师西南)。伊尹选择桐宫是因为这里埋葬着商汤,伊尹希望太甲能在祖先商汤

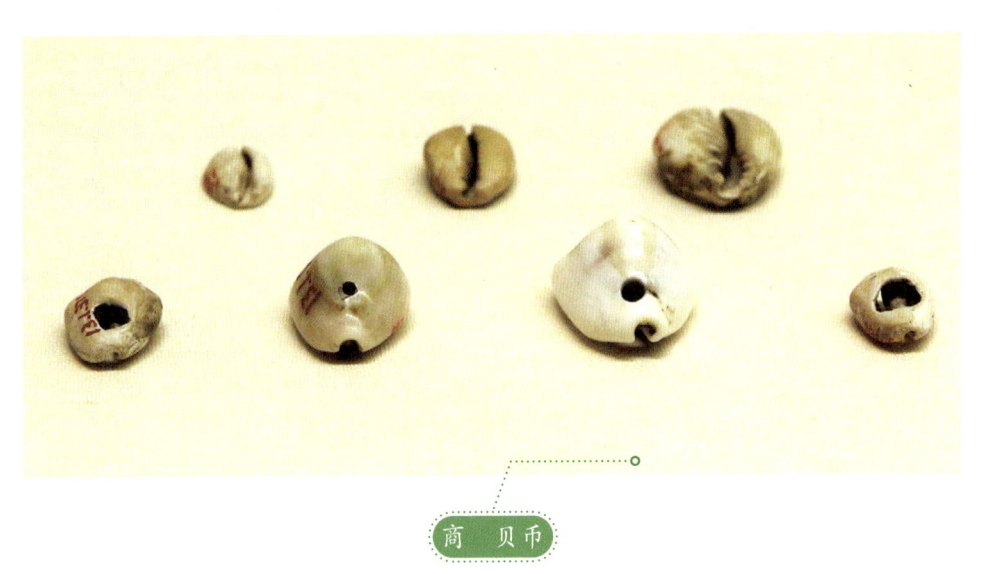

商 贝币

中国最早的货币是商朝一种由天然海贝加工的贝类货币,这种货币一直沿用到周朝。由出土的贝币可见,被选为货币的贝壳光洁美观、小巧玲珑、坚固耐磨,便于携带。在商朝中期以前,贝币的价值很高,如果谁得到商王的贝币赏赐,就是莫大的荣耀。在妇好墓中就出土了数千枚贝币。

墓前回顾祖上功业，反省自己的行为。太甲流放期间，商朝的国事由伊尹代为处理。

5 六朝元老伊尹

在桐宫的三年，太甲与祖父商汤的墓地朝夕相伴，回想起当年商汤建功立业、制定法规的旧事，想起了伊尹用心良苦的文章，羞愧万分，于是下定决心改过。

听说国君有了改变，伊尹非常高兴，亲率一帮文武大臣将太甲迎回国都。重新掌握政权的太甲，果然变得与以前大不一样。他按照祖父制定的章法规矩去行事，采纳大臣的良言良策，关心黎民百姓的生活疾苦，推行各种利民措施，把商朝治理得井然有序，此后，商朝逐渐进入稳定发展的时期。伊尹深有感触，特意写下《太甲训》来夸赞这位悔过自新的国君。

太甲去世以后，儿子沃丁继任国君，此时伊尹年事已高，却仍然尽心辅佐。从商汤、太丁、外丙、仲壬、太甲到沃丁，伊尹共辅佐了六位国君，是名副其实的"六朝元老"。

到了沃丁执政的第八年，这位元老溘然离世，沃丁为他举行了隆重的葬礼，用天子的礼仪安葬他。

中外对比

约公元前1600年，商汤灭夏。

约公元前1550年，埃及进入新王国时期，开始大力向外扩张，逐步成长为强大的帝国。

约公元前1500年，古印度进入吠陀时代，婆罗门教和种姓制度开始出现。

24 长寿的商中宗

> 帝雍己崩，弟太戊立，是为帝太戊。……殷复兴，诸侯归之，故称中宗。
>
> ——《史记·殷本纪》

【人物】太戊、伊陟、巫咸、中丁、河亶甲

【事件】太戊复兴、九世之乱、多次迁都

太戊继位之前，商朝经历了几代人亡政息，趋于衰落。太戊在位时期，勤政修德，治国抚民，任用伊陟、巫咸掌握国政，各诸侯纷纷归顺，使商朝再度兴盛。中丁之后，商朝多次迁都并出现了九世之乱，国力再度衰微。

长寿的太戊

沃丁去世之后，王位传给弟弟太庚，太庚传位给儿子小甲，小甲传位给弟弟雍己。几代过后，商朝的政治又因人亡政息而变得混乱，有些诸侯开始不来朝拜。此时雍己的弟弟太戊继位，商朝迎来了在位时间最长的君主——在位七十五年的殷中宗太戊，能统治国家如此多年，从侧面说明了他是一位贤君。

太戊在位时间虽然久，但留下的记载并不多。既有史料中太戊的主要成就是和太甲、祖乙并称为"三示"，意思是商代的三位贤君，他能成为贤君的主要原因之一是重用了两位贤臣——伊陟（zhì）和巫咸。

伊陟是伊尹的儿子，太戊任命他为国相。传说太戊继位之初商朝的统治隐患重重，连亳都的王宫中都出现了妖异的征兆——桑树和楮树长在了朝堂上，一晚上就长了一搂粗（双臂合抱的粗细为一搂）。太戊担忧地向伊陟询问，伊陟劝诫他说："妖异是战胜不了德行的，是不是大王的施政有什么不足？您修养德行，它自然就消失了。"太戊接受了建议，励精图治，那棵妖树很快就枯死了。

巫咸是太戊手下的另一位得力臣子，政绩很出色。他写了《咸艾》和《太戊》两本书，用以总结辅佐政事的经验，记录太戊时期的历史，可惜的是这两本书没有流传下来。

因为太戊的贤明，诸侯再次前来朝拜，表示服从商朝，商朝复兴。

5 九世之乱

太戊去世之后，王位传给了儿子中丁，中丁去世后，王位传给了弟弟外壬，外壬又传给弟弟河亶（dǎn）甲。中丁和河亶甲两兄弟各开了一个头：中丁进行了商朝第一次迁都，河亶甲则打破了商朝的继承制度，这两件事对商朝的发展产生了巨大的影响。

自成汤建立商朝以来，历代商王一直遵循"兄终弟及"与"父死子继"相结合的继承制度，但以弟及为主。正常来说，弟弟继位后不该再传给自己

未解之谜

迁都之谜

商朝是一个频繁迁移都城的朝代，具体原因有很多猜测。主要观点有躲避水患、让土地轮耕恢复肥力、适应商人放养牲畜和应对王位争夺等。但从后来盘庚渡河南、恢复商汤旧都时受到的反对来看，商人对故土还是充满怀念的，因此导致迁徙的原因中战乱的可能性最大。

的儿子，但中丁的弟弟河亶甲破了这个规矩，河亶甲死后，他的儿子祖乙继位。可这样一来，长子的后人就失去了继承权，自然引发了王室内很多人不满。从中丁开始到阳甲为止，这种王室内部的王位纷争连续发生，历经了五代、九王，史称"九世之乱"。九世之乱延续了近百年，商朝国运也随之起起落落，只在祖乙时代出现过短暂的复兴，但随后就因为"废嫡立弟子"而内乱不断，逐渐衰落。到阳甲时代，诸侯已经没人来商朝朝拜了。

商朝的衰落，还有一个不可忽略的因素——频繁迁都。一旦迁都，原有的城池宫殿逐步作废，新王城的营建则需要海量的人力与物力。

中丁在位时将商朝首都从亳迁至嚣（áo），河亶甲时期迁都至相。河亶甲的儿子祖乙先将国都由相迁至邢，后因洪水毁坏又迁都至庇。后南庚将国都由庇迁至奄。等到盘庚继位时，迁都至殷，从此，商朝都城永久设在了殷城。（几处商王都位置详见146页地图专题"商朝搬家记"）

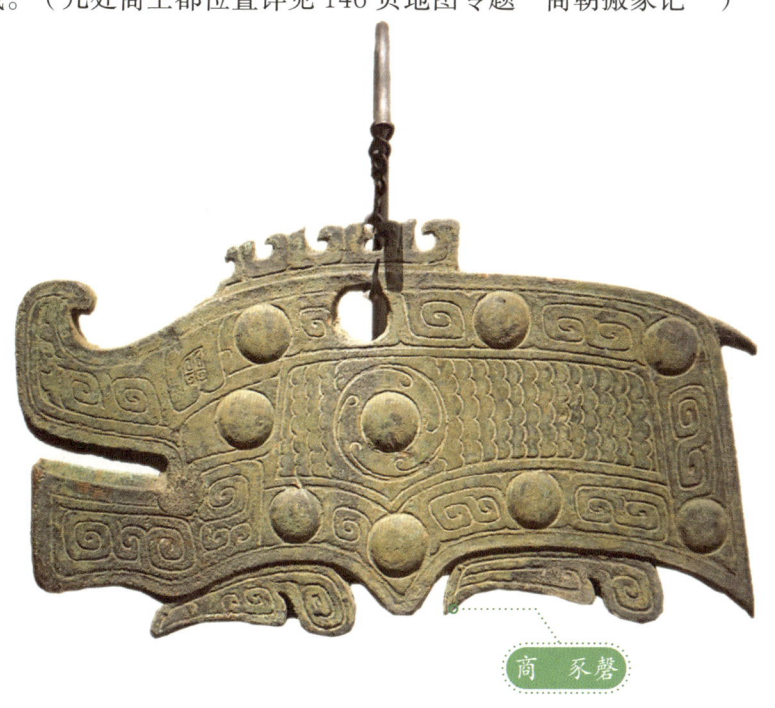

商 豕磬

磬是中国历史上最古老的石制打击乐器和礼器，这件商代的豕磬于2012年在湖南汨罗白塘乡曹家村出土，是具有湖南地域特色的商代青铜乐器。器身作豕形状，嘴上唇上卷，背出牙戟扉棱，下有一穿孔可供悬挂。体表饰云雷、涡纹，中填鳞甲纹饰，分置九枚乳钉，下附前后小肢屈收，短尾。

时间　前1600—前1046

25 盘庚的迁都大复兴

> 帝盘庚之时，殷已都河北，盘庚渡河南，复居成汤之故居。……乃遂涉河南，治亳，行汤之政。然后百姓由宁，殷道复兴，诸侯来朝，以其遵成汤之德也。
>
> ——《史记·殷本纪》

【人物】盘庚

【事件】迁都殷地

经历九世之乱后商朝政治腐败，盘庚继位后为了改变这一局面，决心迁都于殷。迁殷后，盘庚整顿政治，发展经济，使衰落的商朝出现了复兴的局面。

大胆的迁都决定

在阳甲时代，商朝衰落到了谷底。阳甲死后，弟弟盘庚继位，他是商汤的九世孙，也是商朝的第二十代国君。通过激烈斗争登上王位的盘庚很了解国内局势，经过多方考虑，他决定把国都迁往殷。

迁都的主要原因有三个：第一，殷的土地比较肥沃，自然灾害较少，有利于发展农业和建设新都；第二，迁都之后，一切从头开始，贵族们忙着建设，无暇争权夺位，有利于缓和内部矛盾；第三，迁都可以避开危险的反叛势力，有利于国家安定。

盘庚的决定很有远见，但在当时，很多人觉得是一意孤行：奴隶主贵

族的反对尤其激烈——他们在旧都占有大量财富，自然不舍得离开。百姓也苦于九世之乱以来的屡次迁徙，对迁都有抵触情绪。

5 盘庚的雷霆手段

盘庚早有预料，将那些奴隶主、贵族召入朝廷，进行了一番训诫："我告诫你们各位，去掉你们的私心，别再倨傲放肆、追求安逸。先王向来重视大臣们，大臣们也没有越轨的言论，百姓自然会跟着去做。现在你们处处干扰迁都，而不把我的善言向百姓宣布，就不怕咎由自取吗？你们的所作所为终会害人害己，无论亲疏远近，我将一视同仁，用刑罚去惩治罪恶，用赏赐去表彰善行。从今以后，你们要尽职尽责，不准胡言乱语，而且要长久地居住在新都。如果不能与我同心，先王的在天之灵定会降罪于你们！"

商朝是个信奉鬼神的朝代，商王有和神与祖先沟通的大权，所以盘庚的威胁在当时是极有分量的。贵族们听后极为震动，不敢再怀有异心，全国上下开始准备迁都。当队伍行至黄河岸边时，一些百姓不愿渡河。盘庚发表第二次讲话，恩威并用，终于令百姓同意渡河。

迁到新都之后，盘庚划分人民的住处，明确宗庙宫室的方位，有条不

奇珍异宝

殷墟文物

殷墟遗址位于河南省安阳市殷都区小屯村一带，占地面积约二十四平方千米，是殷商王朝国都的遗迹，其中出土的器物为填补我国古代史料做出了巨大贡献。殷墟中最重要的文物就是甲骨和青铜器具。

时间 前1600—前1046

殷墟甲骨

所谓甲骨，是中国古代占卜时用的龟甲或兽类的肩胛骨，中国最早的甲骨发现于距今七千八百到八千六百年的舞阳贾湖遗址，而最早发现的刻有文字的甲骨则是距今三千余年的殷墟甲骨。商朝人十分信奉鬼神，大事小事都喜欢先占卜吉凶，占卜有独特的仪式，完成后还要在龟甲或兽骨上雕刻记录文字。这些文字随着甲骨被保存下来，成了研究我国历史、文字的重要史料——甲骨文。甲骨文卜辞兼具文学和历史记录的功能，其实是继上古歌谣和神话后我国历史和文学发展的重要阶段。

絮地组织新都营建。他向百姓保证，之所以会兴师动众地组织这次迁徙，是因为上天让商朝定都在此，而他将代行天意，恢复商朝的荣光。

盘庚没有食言，迁居殷都之后他推行祖先商汤一样的德政，商朝再次强盛起来，诸侯逐渐恢复了朝拜。

这是商朝的最后一次迁都，迁殷之后，商朝子民经过辛勤劳作，终于在这里建起了一座繁荣的都市。此后的商朝历代帝王一直在殷，再未迁往别处，人们也因此把商朝称作"殷朝"或"殷商"。

中外对比

约公元前1400年—公元前1200年，爱琴海的迈锡尼文明逐步进入鼎盛时期，开始使用铜器、文字、货币。

约公元前1300年，盘庚迁殷。

约公元前1200年，希腊联军对特洛伊城发起了长达十年的战争，即著名的特洛伊战争。

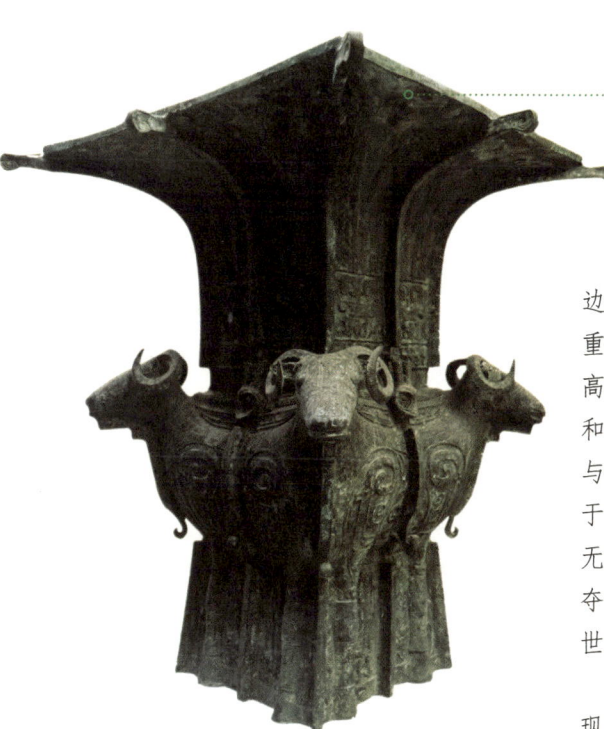

四羊方尊

四羊方尊铸造于商朝晚期，每边边长52.4厘米，高58.3厘米，重34.5千克，长颈，高圈足，颈部高耸，四边装饰有蕉叶纹、三角夔纹和兽面纹，尊的四角各塑一羊，羊头与羊颈伸出于器外，羊身与羊腿附着于尊的腹部及圈足上。这件青铜器具无论从设计还是技巧上都体现了巧夺天工的铸造水准，被称为"十大传世国宝"之一。

四羊方尊这样高水平器物的出现，一方面表现了商人灿烂的青铜文明，另一方面也表现了商代晚期统治者的奢靡残暴。

盘庚迁殷

地图专题 商朝搬家记

背　景：商汤灭夏建商，经过数代商王发展，原国都已不能适应统治需要。

意　义：通过迁都解决了王朝内部的一些弊端，促进了中原及河北地区的全方位开发。

透过地图说历史：

商朝的迁都频繁程度令后世王朝望尘莫及，东汉的张衡在《西京赋》中概括为："殷人之屡迁，前八而后五。"意思是商朝人屡次搬迁首都，先后十三次之多，其中，比较可靠的即本图所示的七次。直到盘庚迁都于殷，商王朝才终于安定下来，我们说商朝为殷商，就是因为它最后的都城是殷。商朝迁都的原因众说纷纭，以下是一些常见的猜想：

- 去奢行简。商朝人觉得在一个地方经营久了，会变得安于享乐，因此不断搬家，让整个族群保持奋斗开拓的精神。
- 水患影响。商朝所在的时代，中原水患频发，选国都既要靠近水源，又要防范洪水。
- 土地肥力下降。商王朝时农耕技术还不发达，长期耕种会导致土地肥力下降，粮食减产。
- 周边游牧民族的袭扰。
- 王朝内不同势力派系的争斗。

这些不同的猜想，虽然各有道理，但难以否定对方，真相如何，只有通过考古发掘和历史研究来逐步确定了。本图所描绘的商都迁徙，是从成汤时代开始，也就是商朝建立之后。由于国都所在必然是一国政治经济的核心区域，所以商朝的频繁迁都其实还给了我们一个额外的信息：地图上历代商都所包围的区域，正是殷商帝国的核心区。

时间　前1600—前1046

26 商王武丁的盛世

> 帝武丁即位，思复兴殷，而未得其佐。三年不言，政事决定於冢宰，以观国风。武丁夜梦得圣人，名曰说。……武丁修政行德，天下咸欢，殷道复兴。
>
> ——《史记·殷本纪》

【人物】武丁、傅说、妇好

【事件】武丁举贤、王后领兵、开疆拓土

武丁继位后，励精图治，对内任用奴隶出身的傅说担任宰相，辅佐朝政；对外任命妻子妇好，开疆拓土、稳定边患，将商朝的国力发展到极盛。

奴隶也能当宰相

盘庚将商朝治理得很好，他死后，帝位传给弟弟小辛，小辛死后传给弟弟小乙。小辛没有兄长的才干，盘庚时期的良好政局没能维持下去，殷商又见衰落，继承小辛的小乙也政绩平平，商朝仍然一片低迷。人们非常怀念盘庚，作了三篇名为《盘庚》的文章。小乙死后把帝位把传给儿子武丁，武丁是一位不

历代帝王圣贤名臣大儒遗像·傅说

凡的商王。

武丁刚刚继位就令群臣吃了一惊，一连三年他始终保持沉默，对国家大事不发表任何意见，政务一概推给冢宰（官名，主管祭祀天地）处理。武丁自己则居于幕后，认真观察国家的大事小情，考虑着日后亲政怎么平息王族内斗，怎样发展农牧行业，怎样威服天下诸侯。

观察之中，武丁发觉身边尚缺一位得力的大臣辅佐。原来，谁是合适的人选呢？武丁想起一个奴隶——说（yuè）。武丁探查民情时曾见过说。当时，说正在一个叫傅岩（今山西省平陆县北）的地方修筑城墙，他不仅改进了修筑城墙的版筑技巧，还对天下大事颇有见地，给武丁留下了很深的印象。

但商朝奉行贵族政治，贸然起用一个奴隶会引起轩然大波，武丁于是想出个主意，有一天，他向大臣们宣布："昨晚我做了个梦，梦见先王商汤推荐了一位圣人，只有他能帮我治理好国家，我要找到他。"说罢武丁命人画了一幅画像，派出一批官吏四处寻访。

官吏们四处搜寻，从国都找到郊野，终于找到了在傅岩劳作的说。武丁当众解除了说的奴隶身份，并委以宰相之职。朝中大臣虽然很不服气，但对方是先王商汤推荐的圣人，也就不敢再有反对意见，纷纷上前道贺。

知识充电

傅说星

傅说星又叫天策星，即天蝎座G，是一颗位于天蝎座的恒星，古人相信傅说一生操劳，死后变成了天上的星星。在古代，这颗星是王后及后妃常常祭祀的重要星辰，一旦傅说星有异象，她们便觉得宫中将有不好的事情发生。这从侧面反映了商代人民对傅说的敬爱。

在那个年代，奴隶一般只有名字没有姓。因为说是在傅岩被找到的，所以大家便以"傅"字作他的姓，称其为"傅说"。

傅说成了商朝的宰相后多次劝谏武丁，提出了很多宝贵意见，把国家治理得井然有序。为相五十年，傅说政绩斐然，商朝农牧业生产得到快速发展，人口持续增长，强盗小偷慢慢销声匿迹，人民生活越发富足。

傅说留下了影响深远的《说命》三篇，其中有很多名言警句，有反映知易行难的"非知之艰，行之惟艰"，有反映虚心纳谏的"惟木从绳则正，后从谏则圣"等朴素的政治哲理，对后世思想产生了深远的影响。

5 是王后，也是将军

在中国古代，女子一直处于被歧视的地位，能得到的最高荣耀要么是蒙帝王垂青，要么是如花木兰一样建立一番功业。但在三千多年前的殷商，一个传奇女人兼得了两者——她既是母仪天下的王后，又是统领千军的大将，这个奇女子就是武丁的妻子妇好。

妇好姓"好"（古音 zǐ，同"子"姓），妇是一种称谓，表明她和武丁的关系。在先秦时代，女子的姓一般要放在后面，所以称"妇好"。

殷墟妇好墓司辛石牛

殷墟妇好墓出土的司辛石牛，为白色大理石圆雕，牛呈跪卧状，下颌阴刻"司辛"二字。妇好墓出土的有铭器物中仅此一件铭为"司辛"，"辛"是妇好死后的庙号，"司辛"铭文的石牛可能是同辈人送的。这件石牛是妇好墓出土的玉石类动物雕刻中体积最大的一件。

关于妇好的记载散见于各处史籍和殷墟出土的甲骨文卜辞中，妇好是中国历史上有据可查的第一位女性军事统帅。妇好武艺超群，力大过人，又有政治家的敏锐头脑，是武丁深爱的妻子、倚重的大将。

在武丁时代，商朝国力日渐强盛，为了开疆扩土、稳定边患，商朝对四周的方国和部族进行了多次战争。在对鬼方、土方、巴方、夷方的作战中，妇好功勋卓著。在战前她为武丁征集兵员，在战时则披甲为帅，率军征战沙场。据记载，妇好在对羌方的战争中曾统率一万三千名精锐士兵，这个兵员规模在商代是极为罕见的，为武丁时代之最。

因为德高望重，妇好还经常受命主持祭天、祭先祖等各类祭典，是武丁的左膀右臂。

武丁的英明统治加上妇好的军事才干，使得殷商的版图空前壮大，南到长江淮河流域，北到河套地区，西到渭水流域都有商王朝征战的记录。

妇好先于武丁去世，享年不过三十余岁，武丁十分怀念妇好，隆重地为她下葬，祭奠非常丰厚。

1976年，妇好的墓穴被发掘，该墓南北长5.6米，东西宽4米，深

妇好钺

妇好墓共出土两件青铜钺，其中一件饰有双虎噬人头纹，重9千克；另一件饰以双身龙纹，通长39.3厘米、刃宽11.8厘米，重8.5千克。双身龙纹钺的钺身略呈斧形，弧形刃，平肩，长方形内（钺上安柄的地方），肩上有一对长方形穿（钺肩上的孔），肩下两侧有小槽6对。钺身有铭文，释文为妇好。它们是中国目前发现的最早的青铜钺。

7.5米，其内是琳琅满目的青铜、玉石、牙骨、陶土器具，数量竟达1900件之多。有上百件青铜器上刻有"妇好"铭文，足见武丁时代殷商国力之强盛，以及武丁对妇好的怀念之深重。墓中一对青铜龙虎大钺尤为惹眼，每一件都有八九千克重，是这位女将军权威的象征物。

5 殷商的最高光

内有傅说的得力辅助，外有妇好扩土开疆，武丁经过一番励精图治，将商朝的国力发展到极盛。那时候，商朝周围分布着大大小小几十个国家和部落。它们大多臣服于商，但也有一部分时常前来侵扰。

商朝北方草原上有三个不可小觑的游牧部落，分别是舌方、土方和鬼方。

舌方比较强大，人口众多，活动范围也比较广，经常侵袭邻近地区的小国。那些小国都是商朝的属国，因为无力抵挡多次求援。武丁曾祈求神灵以使"舌方弗出"，只是这种行为毫无成效。当舌方的侵扰越来越频繁时，武丁决心发起一场大规模的征伐。

武丁组建了一支大军，由禽和甘盘率领，两人都是当时的良将。在两人的指挥下，商军将舌方打得节节败退。为了补充兵力，武丁还动用不少由奴仆组成的武装力量。那些人身为奴仆，一旦参军立功便会提高身份和地位，因此作战十分勇猛。十几年后，商军终于彻底征服了舌方。这个游牧部落的成员有的逃往远处，与其他部落融合，有的沦为俘虏，成为商朝贵族的奴隶。

土方的威胁也不小，在甲骨文卜辞的记载中，进攻土方的兵力和舌方相当，均为三五千人。武丁采取的战术是集中优势兵力迅速攻灭，向土方发起一系列毁灭性攻击。在两三年的时间里，商军将土方打得无路可逃。

最终，土方首领被杀，一部分成员被杀或沦为俘虏，另一部分归顺商朝。

鬼方的距离比较远，位于商朝的西北，不仅素来不向商朝献贡，有时还会派兵袭扰。他们个个精于骑射，居住地点不定。

鬼方附近有一个部族叫周族，是依附于商朝的。商王觉得鬼方遥远，决定不能只依靠商族士兵，也命令周族参战。周族就是西周的建立者，但当时还很弱小，他们趁商朝主力攻打鬼方，也向鬼方发起一次次小规模进攻。在周族的支持配合下，商军经过三年苦战，终于迫使鬼方投降。此后，鬼方俯首称臣，定期纳贡，成为商朝的一个属国。周族则因此得到了商王的赏赐。

铲除了北方边患，武丁并没有就此收手，而是继续向其他三个方向扩张。

西方地区分布着强大的羌族，当时称为羌方，这个国家的力量应该远强于土方、鬼方。武丁对他们发起过多次征伐，妇好统领一万三千兵力的

后母戊鼎

后母戊鼎是已知中国古代最重的青铜器，重832.84千克，代表了商代青铜铸造工艺的巅峰，是我国的"镇国之宝"。后母戊鼎得名于其上的铭文"后母戊"，后母戊就是母亲戊的意思，"后"表示母亲的身份是王后。这件大鼎是为武丁的三位夫人之一王后妇妌（jìng）所造，妇妌善于农业种植，也从事征伐、祭祀、先导、进贡等一系列王室活动，其子曾被立为太子，享有崇高的地位。

那次战役就发生在征服羌方的过程中。虽然武丁未能征服整个西羌，但归顺的部族为数不少。

南方地区分布着不少国家和部落，甲骨文中有记录的是征伐虎方。武丁率领商军，深入那片艰险之地，将江淮流域的大部分地区纳入商朝版图。

商军对东方的扩张力度相对较轻，据史料记载，武丁曾令妇好征服东夷的若干小部落，令其臣服后就收兵回朝了。

随着战争的节节胜利，商朝的国土迅速扩张。控制了北到河套、南达江淮、西抵周境、东至山东半岛东北部的广大土地，成为当时的强国。

武丁在执政期间，开创了一个国势强盛、政治清明、百姓富庶、疆域广大的王朝，殷商的国势达到顶点，历史上把这一段时期称作"武丁中兴"。

圣帝明王善端录·梦赉良弼

此图描绘了商王武丁在梦中见到贤人傅说的故事。图中，位于中堂合目休憩者为武丁，梦境中的红衣人为傅说，傅说背后的引荐人自然是商汤了。

27 天命又改了？

公刘虽在戎狄之间，复修后稷之业，务耕种，行地宜，自漆、沮度渭，取材用，行者有资，居者有畜积，民赖其庆。……古公亶父复修后稷、公刘之业，积德行义，国人皆戴之。……乃与私属遂去豳，度漆、沮，逾梁山，止于岐下。

——《史记·周本纪》

【人物】武乙、帝乙、辛、公刘、姬亶、季历、太丁

【事件】殷商衰落、周族崛起、凤鸣岐山

武丁之后，他开创的太平盛世没能长久延续下去。到了帝辛时期，商朝国运衰至极点。周族自公刘迁居于豳开始发展，至姬亶迁徙至岐山才逐渐强大建立周国。由于多次助商朝平定周边，周国被封为西方诸侯之长。

用箭射天的武乙

武丁之后，殷商再无雄主，帝位经祖庚（武丁子）传到祖甲（祖庚弟）。祖甲荒淫无道，殷商又见衰落。祖甲死后，帝位经廪辛、庚丁传到了武乙。武乙不是无所作为的君主，他在位期间多次出兵征讨旨方等方国，可有所斩获后越发骄横跋扈。

从出土的甲骨文卜辞以及史料都可以看出，商人非常看重鬼神祭祀，遇到大事必须占卜吉凶，占卜结果甚至能影响国家大政。历代商王都不得

不顾忌鬼神的喜怒，只有在占卜结果吉利时才敢按自己的心思办事。但武乙是个不敬鬼神的帝王，一点也不能容忍鬼神分走他的权力。

为了证明鬼神不如自己强大，武乙决定向天神宣战。他先是让人雕出一个天神的木偶，用来陪他投掷博弈（轮到木偶时由手下代掷），木偶输了就被他横加侮辱。如此数次也不见天罚，武乙越发嚣张，又命人用大皮囊装满鲜血高高挂起，而他弯弓仰射，以鲜血四溅的场面为乐，自称是在"射天"。这就是"革囊射天"的典故。

武乙的行为虽然出于私利，且荒唐可笑，但确实对破除神权迷信有一定作用。不过他的结局很讽刺——在打猎时被暴雷震死，反而成了"不尊天道必遭天谴"的反面教材。

帝鉴图说·革囊射天

商　青铜鸮尊

商朝晚期，出现了很多动物造型的青铜器，如羊尊、牛尊、鸮（xiāo）尊、象尊等。此鸮尊构思巧妙、花纹绚丽，将鸮的两足与尾部设计成尊体的三个支撑点，使尊体能够稳稳地立住。在当时，因为鸮有昼伏夜出的天性、击而必中的本领，所以被视为战争之神。令人喟叹的是，尚武的殷商最终却败在了穷兵黩武上。

武乙死后，儿子太丁继位，太丁死后，儿子帝乙继位，在帝乙时代，殷商更加衰落，不少方国纷纷袭扰，帝乙多次率军镇压。虽然在对夷方、人方等方国的战争中取得胜利，但这些战争往往历时良久，劳民伤财，不能挽回殷商衰落的趋势。

作为一位末世君主，帝乙最大的失误是废长立幼，让帝位从贤明的长子微子启、次子微仲衍手中错过，直接传给了才力过人、思辨敏捷的小儿子辛。

辛虽然才能出众，但是刚愎自用、骄横无道，他把智慧用在辩驳大臣的忠言上，把口才用在文过饰非上，成了有名的暴君。他就是商代最后一个君主——商纣王。

至此，殷商的国运低落到了极点，只是家业尚大一时不至灭亡。

5 周族的迁都奋斗史

殷商本是黄河下游的部族，发迹后战胜了从黄河上游发迹的夏族，最终夺得霸主地位。在殷商衰落之时，又一个部族从黄河上游兴起，逐渐取代了商族的地位，这个部族就是周族。

周族是一个古老的部族，本书在"多子多福的帝喾"一章曾有介绍，传说中商周两族的祖先同根同源。

周族的祖先叫弃，传说出生后曾一度被母亲抛弃，所以得名为"弃"。弃擅长种植作物，曾担任过后稷这一职位，负责管理农业生产，而弃的兄弟、商族的祖先契，从事的则是教育。从这里可以看出，和以放牧经商崛起的商族不同，周族是农耕起家。弃对农作物的种植做出了重大贡献，被人们视为"谷神"。后来夏朝废弃了后稷这个职务，弃的后代就西迁到戎狄活动的黄河上游开枝散叶，形成了周族。

周族所处的地方不如中原安稳富饶，那里经常有大水泛滥导致作物歉收，还有西方诸多部族环伺袭扰，因此很多年来周族都没能壮大起来。

大约在公元前16世纪，周族出了一位领袖公刘，通过审时度势，他做了和盘庚一样的判断——迁都。迁都的目的地叫豳（bīn），位于今陕西彬州市、旬邑之间，是一处土壤肥沃适合农耕的宝地。

农耕民族搬迁不是小事，公刘早早就领导人民囤积粮食，制作干粮，接着挽弓带箭，配备各类武器，准备妥当后才举族搬迁。到达豳地以后，公刘详细地勘察地貌水文，合理地制定了在新居地种植、建房、畜牧、矿采的具体规划……还组织军队，防卫周边民族的袭扰。

这番上古的伟业被详细记载在《诗经·公刘》之内，《公刘》是后来周人祭祀诵读的重要诗篇。这次搬迁是周族强盛的转折点。

在豳地经过近三百年发展，周族成为西方一大强国。这时又一位优秀的领袖出现了，他叫姬亶（dǎn），被后世称为"太王""古公亶父"。姬亶时代戎狄部落强大起来，周族屡屡被袭扰。姬亶深知戎狄部族的难缠，也意识到豳地虽然宜于生存,但是缺乏地理屏障,因此他采取了两大对策。一是与戎狄交好,以德报怨,献上珍贵的礼物,和很多戎狄部落建立友好关系。二是部族迁徙,舍弃开发过的肥沃耕地,寻找地理位置更安全的地方迁居。

两项对策都很有成效,一方面戎狄部族得了礼物和土地,对周族敌意大减,愿意亲附;另一方面周族的都城由豳地迁移到有邰(今陕西武功一带),再迁徙到岐山(今箭括岭)之下的周原(今陕西宝鸡的岐山和扶风)后,有了岐山、渭河作为天然屏障,周族不再是四面受敌的被动状态。

这次迁徙让周族有了强大的根基,使得许多戎狄部族纷纷前来归附,周原上形成了一个强大的方国。因为是在周原建立的,所以国号为"周"。

5 凤凰落在了岐山上

在姬亶以后的时代,商族昏君迭出,而周族人才济济。姬亶有三个儿子,长子泰伯、次子仲雍、三子季历,他们个个贤能,并且亲睦友爱。在

商 蚌镰

蚌镰,是用蚌壳磨制的镰刀。在商代,农民使用的生产工具主要分为青铜器、石器和骨制品。因为蚌壳制品制作时间短、使用起来较为轻便,所以极受青睐。在殷墟遗址中出土的蚌镰比石镰多,主要形制有弯背凹刃和弯背直刃两种,刃部均呈锯齿状,制作比较粗糙,长度在10厘米以上,以13~14厘米的居多。蚌镰和石镰的大量出土,反映了商代农业的蓬勃发展。

选择继承人时，按传统应是长子泰伯继位，但三子季历生了一个极为聪慧的儿子姬昌，姬亶认定这个孩子有圣人相必成大器，于是想传位给季历再传到姬昌。

泰伯和仲雍都支持父亲的心思，为了让王位早早传给季历，他们俩远走他乡，到了南方的荆蛮之地，定居在梅里（属今江苏无锡）。那时南方密布着原始森林和沼泽，不适合人类居住，处于非常落后的状态。泰伯和仲雍将华夏的先进技术带到那里，治理水患、开垦耕地、教化民众，使得南方也逐步发展出了国家。泰伯和仲雍是这个国家的第一代、第二代两代君主，这个国家叫句（gōu）吴，后来发展为一个强大的南方国家吴国。

即便如此，姬亶去世后，季历还是想让兄长继位，泰伯和仲雍二人为了表明决心，就学着蛮人的样子剪短头发、刺满文身——华夏民族重视礼教，这样的人就不能当王了。

季历只好继位，执掌周族以后，他不负众望，继续稳步发展，让周族继续壮大。此时因为实力强大，连商族也不得不对周族多加拉拢，季历的妻子就是商族贵女。此时的商王是革囊射天的武乙，他虽然骄横，但也是有为之主，他授予季历征伐之权，让季历帮他扫平西方的民族。

季历答应了，先后帮商王歼灭了程国、义渠等势力，活捉义渠首领献给商王。武乙对他大加赏赐。季历知道帮商朝打仗可以扫平周边的威胁，因此非常积极，先后征讨过鬼戎、燕京之戎、余无之戎、翳徒之戎。这些

成语典故

凤鸣岐山

周国日益强势，岐山飞来了神异的鸟类凤凰，鸣叫不止，当时的人们认为这既预示着周族即将兴起，也预示着有贤君即将登位。

"戎"其实是一些游牧民族，惯于袭扰农耕民族的领地，主要分布在山西的西北、西南等地，季历的征伐基本都以胜利告终。

因为武功卓著，商王太丁（武乙之子）封季历为"牧师"，意为像牧羊一样管理西方部落，这次封赏实际上等于承认周族是西方的领袖。

不过，可能是鉴于商汤灭夏的深刻教训，太丁防了季历一手，趁季历到商都时发难，竟然平白将季历囚死在殷都。商周矛盾由此开始激化。

季历死后，贤明的姬昌登位，此时殷商衰弱，新王帝乙不得不和姬昌联姻，缓和商周关系，并承认姬昌为西方之长——西伯。

大禾人面纹方鼎

大禾人面纹方鼎，年代为商代晚期，1959年出土于湖南宁乡市黄材镇炭河里乡胜溪村。鼎腹内壁铸"大禾"两字铭文，因此又被称为"大禾方鼎"。此鼎在装饰上以人面为饰，是目前全国唯一的以人面纹为饰的青铜鼎。鼎通高38.5厘米，口长29.8厘米，宽23.7厘米。器身呈长方体，两耳直立，四柱足，足上部装饰兽面纹，这种样式在商代后期较为常见。鼎腹的四面浮雕为形象相同的人面主题纹饰，人面的额部两侧还有云雷纹以及象征性的角、爪作装饰。商周时期的青铜器大多以兽面纹作主题纹饰，人面纹饰非常少见，因此十分珍贵。

时间 前1600—前1046

姬昌是一个大贤人，不仅才能出众，而且仁慈博爱，对人才尤其重视，为了接待有才之士，经常连吃饭都顾不上。在他的治理下，周族建立了合理的田耕、赋税、渔猎制度，越发强大起来，吸引了一批贤人和部族投奔。

比较有名的有孤竹国的王子伯夷、叔齐，散宜生、太颠、闳（hóng）夭，这些人很多都成为灭商建周的栋梁。就连商朝的贤人辛甲、鬻（yù）熊子（楚国的祖先）也因为屡次劝谏纣王无效而来投奔。

历代帝王圣贤名臣大儒遗像·周文王姬昌

诗经·文王（节选）

文王在上，於昭于天。
周虽旧邦，其命维新。
有周不显，帝命不时。
文王陟降，在帝左右。
亹亹文王，令闻不已。
陈锡哉周，侯文王孙子。
文王孙子，本支百世。
凡周之士，不显亦世。
世之不显，厥犹翼翼。
思皇多士，生此王国。
王国克生，维周之桢；
济济多士，文王以宁。
穆穆文王，于缉熙敬止。
假哉天命，有商孙子。
商之孙子，其丽不亿。
上帝既命，侯于周服。

28 暴君帝辛

> 厚赋税以实鹿台之钱,而盈钜桥之粟。益收狗马奇物,充仞宫室。益广沙丘苑台,多取野兽蜚鸟置其中。慢于鬼神。大冣乐戏于沙丘,以酒为池,县肉为林,使男女倮相逐其间,为长夜之饮。
>
> ——《史记·殷本纪》

【人物】帝辛、苏妲己、微子、箕子、比干、姬昌

【事件】征伐东夷、奢靡残暴、杀亲放敌

帝辛征伐东夷,虽扩大了势力,却极大地消耗了国力,也降低了对西北的控制。他嗜酒残暴、沉迷享乐、杀贤臣亲小人、释放周王姬昌,加速了商朝的灭亡。

酒池肉林的末代君王

姬昌统治时期,商朝的国君是帝辛,也就是后世熟知的纣王。帝辛的名声虽然不好,但个人能力却是很出众的。帝辛头脑聪明,身材高大魁梧,力气也大得惊人,据说敢空手跟猛兽搏斗,能把粗粗的铁钩拉直,只是性格相当残暴、贪婪嗜酒,行为也极为不堪。

但他也并非毫无建树,统治期间的主要作为就是征伐东夷。

东夷不是一个统一的部落,而是许多部落的统称,他们常常背着弓箭在中国的东部地区过着游猎生活,生活水平比同时代的商朝要落后许多。

东夷和商朝的关系并不融洽,商朝经常从东夷部落中补充奴隶,东夷

时间 前1600—前1046

的首领们也会抓走商朝的平民。为了扫平威胁，帝辛登位以后组织起大批军队，铸造大量武器，还命人打制出一种杀伤力极强的青铜箭镞，准备对东夷用兵。

某一年，帝辛在黎（今山东鄄城东）举行军事演习，要求东夷派军参加，对方表示拒绝。借此缘由，帝辛与东夷开战。

两军对阵时，帝辛一声令下，漫天箭雨杀得东夷部落无处躲藏。更惊人的是，据说商军还组建起一支威力无穷的"象队"。一头头大象如小山般压来，尖利的象牙能轻易戳穿东夷人的胸膛，然后再将尸体高高地抛向空中……

这场大战中，商军从山东西南部一直打到胶东半岛沿海地区，降服了大多数东夷部落，俘虏了成千上万的东夷人。为了永绝后患，帝辛派人建起通往东夷的大道，以便迅速调兵镇压对方的反抗。

很多部族被帝辛征服，一些部落抵挡不住，索性交出珠宝美人来请求饶恕。其中最有名的是有苏部落，这个部落献出了一个绝世美人妲己。

密密麻麻的肉脯，形形色色的人们，乍看简直像商代的《清明上河图》，然而这个盛大的场面全是为纣王一人准备的。在那个物质匮乏的时代，要多少人家的口粮才能维持这肉脯如林，美酒成池！

帝鉴图说·脯林酒池

苏妲己极得帝辛的欢心，只要是妲己说的话，哪怕是只言片语，帝辛都要一一满足。为了让妲己开心，帝辛荒废政事，命乐师涓为妲己谱写各种动听的音乐，命宫中编排一场场盛大的舞蹈。为了有更好的地方玩乐，他不惜重金修建了高大雄伟的鹿台，高可摘星的摘星台，在沙丘苑台养满了珍禽异兽，在行宫中用美酒装满水池，用烤肉挂成森林，让男男女女赤身裸体地嬉戏其间。

沉迷享乐既荒废政事，又消耗财力。为了敛财，帝辛更加暴虐，于是国内常有进谏、反抗之人。为了镇压反抗，帝辛又创造出一系列耸人听闻的残酷刑罚，比如把铜柱烧得通红，让人赤脚行走的炮烙（páo luò），比如把活人剁成肉酱的醢（hǎi）刑。

莫说对寻常的犯人帝辛会如此残酷，就连九侯、鄂侯这些各方诸侯之长，帝辛也是说杀就杀，动辄将这些代表强大势力的人物剁成肉酱、制成肉干。天下诸侯对商朝的怨恨越发强烈。

5 杀贤臣、放敌人

从商汤到帝辛，商朝绵延了五个世纪，统治深入人心，哪怕帝辛暴虐也仍有大量贤人希望他能悔改。最有名的就是"三仁"（即微子、箕子、比干），他们都是殷商王朝的宗亲，也是贤德有才之人，可帝辛对他们却极为残暴。

"三仁"中结局最好的是微子，也就是帝辛的哥哥，他的母亲不是正妻，所以不能继承帝位。微子眼见弟弟穷奢极欲、诛杀忠臣，曾经数次进谏，但帝辛根本听不进去。次数多了，微子感觉帝辛已非常不满，若再进谏必有杀身之祸。在向当时的太师和少师询问之后，微子认定帝辛不可救药，还不如远离殷都为商族留下一线血脉。于是微子逃回封国，他这一脉发展成了后来的宋国。

时间 前1600—前1046

结局稍差一点的是箕子，他名叫胥余，是帝辛的叔叔，因为封在今山西太谷的箕地，所以称"箕子"。箕子十分敏锐，从一些小事中就看出了帝辛的结局。看到帝辛用象牙筷子吃饭，他十分难过，猜到有了象牙筷子就要配玉杯，配山珍海味，吃得讲究了就会需求香车宝马、豪华宫殿。为此他多次劝谏，可是帝辛毫不采纳。箕子深知，继续冒死进谏也只是被杀而已，但他又觉得做臣子的因为君主不纳谏而出走是凸显君主的过错，于心不忍，只得剃掉头发，装疯卖傻。帝辛不好杀他，但内心颇为猜忌，于是把箕子关进了大牢。

最忠心的是比干，他也是帝辛的叔叔，辅助他四十多年。比干性格耿直，认为装疯卖傻和出走都不算尽到本分，所以他不顾安危，每次都冒死进谏，态度非常坚决。最初帝辛念在他的功绩只是拒绝了事，后来见比干没完没了，索性说："我听说贤人的心有七孔，王叔既然是贤人，就让我看看你的吧。"说完就将比干剖心杀害。

"三仁"的经历让臣子再不敢进谏帝辛，他的身边只剩阿谀奉承之

这张图描绘了商纣王残害忠良，荒淫无道的故事。图中纣王和妲己端坐殿上，留于御阶前的都是拍手阿谀的佞臣，忠诚的臣子则被捆绑到一旁，等待着残酷的处罚，比如画面最左端的炮烙。

帝鉴图说·妲己害政

辈。当时姬昌是商朝的三公,身居要职,又贤德有才,引起了这群小人的忌妒。一个叫崇侯虎的人(封地在陕西西安市鄠邑)向帝辛进言,说姬昌笼络人心,很多人都投靠了他,恐怕对商朝不利。崇侯虎的话全出自私心,但客观上却是实话。

帝辛采纳了他的建议把姬昌招来殷都,定罪下狱。但周国毕竟实力强大,帝辛不敢任意处死姬昌,只是将他关在羑里(yǒu lǐ,今河南汤阴北),一关就是七年。

为了避免重蹈父亲季历的覆辙,姬昌韬光养晦,规规矩矩。帝辛为了试探他,把他的长子伯邑考抓来杀掉,将伯邑考的肉做成食物给姬昌吃。姬昌心知肚明,但他能忍常人之不能忍,面无怒色,反而感谢赏赐,让帝辛以为他被彻底摧毁了反抗之心。

再加上周族大臣不停地收集奇珍、异兽、美人献给帝辛,最终帝辛糊涂地决定释放这个被"彻底折服"的姬昌。姬昌逃出生天,仍然毕恭毕敬,不仅称臣纳贡,还献出广阔的土地给帝辛,请求他废除炮烙之刑,哄得帝辛放松了警惕。

知识充电

文王演周易

易,就是变化的意思,反映了自然界和人类社会变化的规律,是中国古代哲学思想的瑰宝。早在伏羲时代,人们就创作出八卦,八卦每一卦由三条线条组合而成,线条有两种,连续的叫阳爻(yáo),中断的叫阴爻,组合成八卦后表示天空、大地、水、火、湖泽、高山、风和雷电八种自然事物。这种思想在夏商两代继续发展,到了姬昌时形成了更丰富的体系。传说姬昌利用被囚禁的时间,潜心研究事物变化的道理,把八卦两两组合形成六十四卦,以六十四个篇章解释事物变化的规律,这就是《周易》,是中国古代哲学、文学、兵学、政治学的瑰宝,对后世产生了深远影响。

时间 前1600—前1046

29 文王、武王灭商朝

> （武王）誓于牧野，伐商纣。纣师败绩。纣反走，登鹿台，遂追斩纣。……散鹿台之钱，发钜桥之粟，以振贫民。封比干墓，释箕子囚。迁九鼎，修周政，与天下更始。
>
> ——《史记·齐太公世家》

【人物】姬昌、姜尚、姬发、帝辛

【事件】访贤称王、开疆扩土、武王伐纣

姬昌归国后，寻访贤人、开疆扩土、迁移都城、推行"井田制度"，周边部族纷纷归附，极大地增强了国力、扩张了势力。姬发继位后，与八百诸侯于牧野誓师征讨帝辛，商朝终灭亡。

钓鱼钓到个周文王

经历羑里之劫后，姬昌决心推翻行将就木的商朝。为此，他开始四处寻访能够帮助自己筹划灭商大计的人才。

有一次，周文王外出打猎，在渭水的支流磻（pán）溪遇见一位钓鱼老人，老人白发白须，看上去已有七八十岁。再仔细一瞧，那鱼钩竟然是直的，不仅没有鱼饵，而且距离水面足有三尺高！

这怎么能钓得上鱼？周文王越看越糊涂，赶忙走了过去。

白发老人名叫姜尚，是个怀才不遇的高人。他曾宰过牛、卖过酒、做过生意，但都不顺，一把年纪了决定到渭水垂钓，不钓小鱼小虾，钓的是能重用他的王侯，直钩不过是个引人注意的噱头。

经过一番交谈，周文王发现姜尚上知天文、下知地理、通晓军政、善治朝纲，正是自己要寻访的贤士。于是周文王恳切地邀请姜尚上车，自己亲自驾驶，把姜尚请回了都城。

姜尚先被立为国师，后来升为国相，统管全国的军政事务。他兢兢业业地为周文王效力，也让老百姓过上了安居乐业的好日子。人们尊敬地称其为"太公望"或"姜太公"。

在明君与良相的共同治理下，周国的农业生产得到大力发展，军事实力也在迅速提升。在姜尚的建议下，周文王采取了和商汤类似的策略——优先向外扩张，在决战前剪除当权王朝的羽翼。

周族的扩张很有手腕，每次出兵都要师出有名，既得到了战果，又树立了威信。周族还提出"皇天无亲，惟德是辅"的说法，意思是上天并没有规定哪一家当帝王，它只站在有德行的人的一边。这样人们就不会把商王当成神选择的使者，敢于在商王无道时帮助贤德的人取代他。

历代帝王圣贤名臣大儒遗像·姜尚

中外对比

公元前1075年，殷商末帝帝辛继位，数年后，文王谋划灭商，中国历史开始进入一个礼乐盛行的文明时代。

约公元前1100年—公元前800年，希腊进入黑暗时代，也就是《荷马史诗》反映的时代，曾经繁盛的文化出现衰退。

时间　前1600—前1046

周国的威望越来越高，有一年，虞、芮（ruì）两国有了不可调和的矛盾，居然决定让姬昌裁决，这无疑是天子的权限。而姬昌甚至没有出面，虞、芮两国只是看见周国相互礼让的民风就握手言和了。自此，越来越多的诸侯习惯依赖周族解决矛盾，周族有了和商族分庭抗礼的地位，姬昌也不再以臣子自居，而是和商朝一样称王，开始了征伐大业。

姬昌先是率军击溃犬戎，巩固后方。随后开疆扩土，讨伐了国君失德的密须国、耆国，开拓了东方疆域，兵锋直指崇国。崇国就是害姬昌被囚的崇侯虎的封国，是亲商的大国，很难攻下。姬昌采用了姜尚的计谋，并联合密须国等势力，用了三年多才将它拿下。攻下崇国之后，周国的势力已经到了商国西南，控制了广大的土地。

为了巩固统治，姬昌听从姜尚建议把都城迁移到丰地（今山西沣河西岸），同时推行了"九一而助"的井田制度。这是一种能极大激发百姓积极性的生产方式，在收取一部分收成充公的同时，百姓可多劳多得。

有研究认为，商朝末年周族所控制的土地已经占据天下三分之二，形成了西达陕西、甘肃，东北至山西黎城，东边抵河南沁阳，南边到长江、汉水、汝水流域的强大国家。

遗憾的是，周文王没能实现消灭商朝的愿望就去世了。

> **知识充电**
>
> **井田制度**
>
> "井田"一词，最早见于《谷梁传·宣公十五年》中的"古者三百步为里，名曰井田"，就是说把土地按一定面积分为数个正方形的大块，大块内按三横三纵切分成九个小块，因为像在田地里画了一个"井"字，所以称为"井田"。井田属周王所有，分配给庶民使用，井田周边的八块为私田，中间为公田，私田分配入户，多劳多得，而公田由大家一起耕种，收成归公。

明　戴进　渭滨垂钓图

《渭滨垂钓图》由明代画家戴进创作。戴进，字文进，号静庵，是"浙派绘画"的开山鼻祖。此画绢本设色，纵139.6厘米，横75.4厘米，描绘的是周文王拜访在渭水边隐居垂钓的姜太公，邀请他入朝辅政的故事。

时间　前1600—前1046

5 武王伐纣

姬昌去世之后，他的儿子姬发继位（前1056），追谥姬昌为文王。

姬发继续父亲的事业，重用姜尚等贤臣，逐步扩张领土。为了便于进攻，姬发将国都从沣水西岸迁移到东岸，定都于镐（hào，今陕西西安西南）。

到登位的第九年（前1048），姬发察觉到天下大乱，正是起事的好时机。但是他还要看看周国在诸侯中的威信，以求稳重。为了试探诸侯态度，姬发借祭祀父亲周文王的时机举行了盛大的活动来宣示威严，他用车载着文王的灵位，一路赶到黄河边上的孟津（今河南省孟津县），在那里召开集会，响应号召的大小部族极多，号称"八百诸侯"。姬发当众公布帝辛的种种罪恶，大家一致赞同，纷纷表示愿意出兵参战。姬发明白大事已成，但没有急于发兵，而是班师回国准备。

两年后，姬发开始行动了！此时箕子装疯，比干被剖心，太师、少师

利簋

夏商时期所留下的历史文献很少，能确切推知年代的事件更少。这是当时文字记录还不发达，且历史文献没有明确纪年导致的。所以对当时历史事件的年份只能靠记录推测。因为这件利簋的铭文是"武王伐纣，唯甲子朝"，所以周朝建立的年份被确定在甲子年，也就是公元前1046年。

纷纷出逃，帝辛众叛亲离。姬发建成一支强悍的军队，包括四万五千名士兵、三千名先锋和三百辆兵车。大军从孟津出发，一路上没有遇到太大的抵抗便来到距离商朝都城朝歌只有七十里的牧野（今河南省卫辉市北）。此时武王会合诸侯联军，兵车多达四千乘（乘 shèng，古代作战单位，四马一车为一乘，每车配备士兵若干）。

当日凌晨，姬发在牧野举行一场誓师大会。他高声发起了号召："我的友好邻邦，我的部族人民，举起你们的戈，竖起你们的矛，我要宣誓了！现在的帝辛已经抛下国家和兄弟，只听信于女人，听信于奸佞逃犯，任由他们对百姓横施暴虐，对商国大肆破坏，我姬发要执行上天的惩罚。今日作战，每前进六七步就要整顿一下阵列。男子汉们，努力吧！希望大家如虎豹一般勇猛，谁不够努力，我将拿他问斩！"

此时帝辛的军队正在东南地区对付东夷，短时间内无法抽调回来，仅有的军队又数量太少，帝辛只好把大批奴隶和俘虏编入军队，这支杂牌军人数极为惊人，竟有七十万之众。

大战在牧野爆发，商军的人数远胜联军，看似稳操胜券，实则不然，他们多是奴隶和俘虏，早就恨透了帝辛，哪里肯替那个昏君而战？他们临阵倒戈，与联军将士们一起杀向朝歌。

朝歌城里的守军寥寥无几，根本无力抵抗汹涌而来的大军。帝辛知道大势已去，无力回天，但他倒也傲气，没想着开城求饶，索性穿上珠玉华服，在鹿台上放起一把火，把自己给活活烧死了。

等到姬发赶到，看着鹿台火光冲天，纣王的尸体已被烧得焦黑，他张弓搭箭，"唰唰唰"地一连射出三箭！他下了战车，挥起宝剑连刺几下，而后用铜斧头砍下对方的脑袋，悬挂在战旗上示众。至此，持续五百多年的商王朝就这样走向了灭亡。

攻下殷都以后，姬发没有大开杀戒，他善待商族百姓，清扫道路，抵达供奉历代商王的社庙祭祀，表明天命兴周，自己是替天行道。随后释放了被囚禁的箕子和商朝的百官贵族，开放鹿台的金钱粮食赈济，稳定了动荡的民心。

随后姬发收取九鼎、收藏兵器、放马南山，以示不再兴兵打仗。天下终于安定下来，一个全新的王朝周朝建立，它将中原大地黄河上下游连接一体，奠定了中华民族的根基。

为了巩固统治，周武王把自己直辖地区以外的土地分别授予王族、功臣和古代帝王的后代，让他们在各地建立诸侯国，作为周王朝的拱卫。在诸侯国中，姜尚被封在营丘，国号为齐；姬发的弟弟姬旦被封在曲阜，国号为鲁；召公被封在燕，国号为燕。这几个国家是此后几百年中原大地权力角逐的主角。箕子没有接受姬发的册封，他来到朝鲜半岛，建立了箕子朝鲜。

姬发大封诸侯的举动标志着中国正式从奴隶制走上了封建制。

善·周武王问道
帝明王圣端录

这幅图描绘了周武王向姜太公、商朝大贤人箕子询问治理天下之道的故事。武王将得到的道理写在席子、门户、餐具、兵器等随时可见的物品上，激励自己要为天下父母。

青铜战戈

青铜戈

商周时期，车战是主要的作战方法。青铜戈因其最适合车战的独特构造，成为重要的武器。在战场上挥戈时，其尖锋啄击的力量比用矛直刺大很多，而且还可以往回勾拉，杀伤力极大。

地图专题 武王伐纣

作战双方：周族主力以及支持周王室的诸国联军；商王朝主力、被迫作战的奴隶、支持商王朝的势力。

背　　景：纣王无道，诛杀忠良、残酷压迫百姓和诸侯，数次兴师发起对周边部族的战争，商朝国力消耗严重。周族励精图治，积累了可观实力，征服了众多诸侯。

透过地图说历史：

武王伐纣，大体分四步。

第一步，占据关中到中原的崤函险道。

从地图可以看出，周族的领土是被子午岭、秦岭、崤山、黄河所包围的一块绿色盆地，核心有岐和丰两处。因为这块土地位于诸多山川关隘之中，后世称之为关中。关中通往商朝都城殷，要么需要在风陵渡口渡过南北向的黄河，然后翻越雄伟的中条山、王屋山，要么需要穿过崤山和黄河所夹的一条狭长阪道，即后世所谓的崤函险道。中条山和王屋山高不可攀，显然不利于行军奇袭，所以灭商必须打通崤函险道。这条道路南方是崤山的余脉，北方是滔滔黄河，地势起伏、道路狭窄，最险要处只能让一辆战车通过。虽然史书没有详细记载周族控制崤函的详细经过，但从这条险路周边考古发掘出的大量商代青铜器可知，商王朝必然曾对这里严加管控。

第二步，孟津军演。

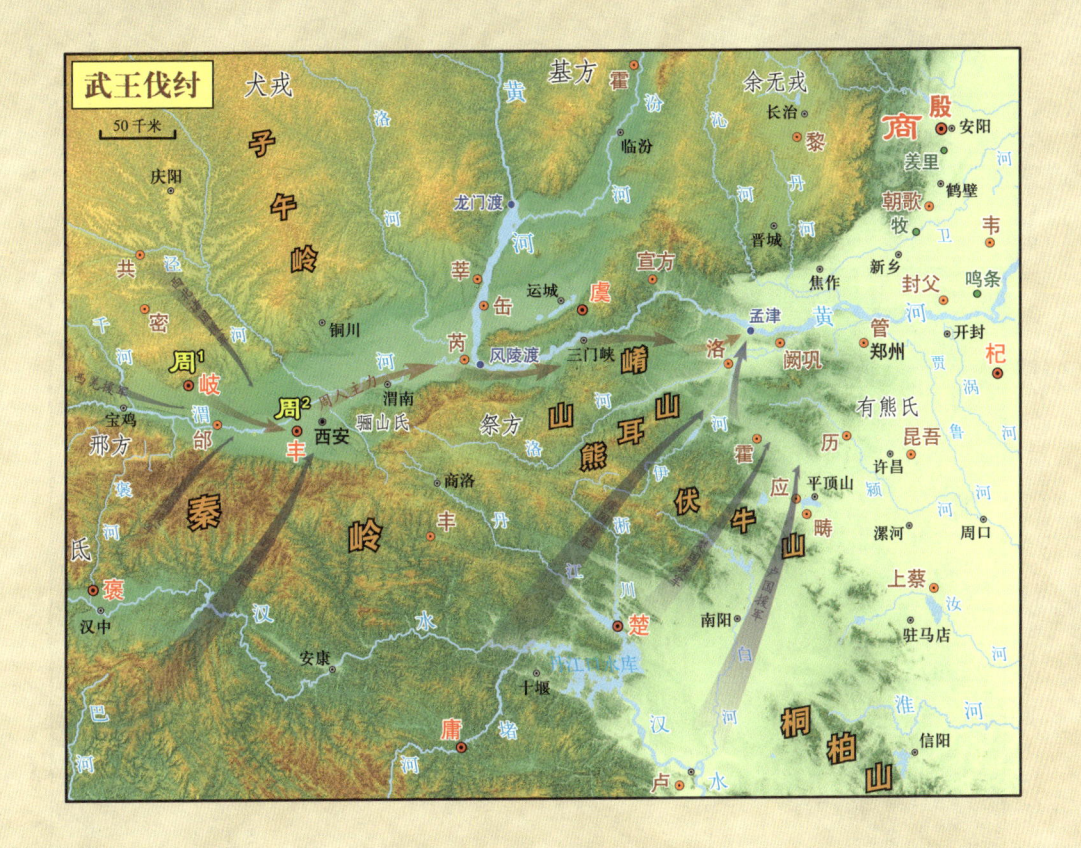

以祭奠周文王为名，周武王发兵关中，沿着好不容易取得的崤函险路进入伊洛平原。此时，滔滔黄河隔在武王和商都之间。黄河是一条宽阔的大河，渡河必须选取水流平缓、礁石稀少之处。而山西和河南交界处的黄河湍急多石，到了孟津这里才适合渡河。为了在孟津渡河，姜尚早早就指挥赶来助阵的诸侯、调度掌管战船的官员和士兵，要求他们按时抵达渡河地点，按照指令有序渡河。因为布置妥当，大军顺利抵达黄河北岸，且没有遇到商朝的阻击。武王见状，满意地结束了军演，他明白通往商都的山川险阻已经全部通畅，天下诸侯已经倾向周族，只待殷商进一步堕落，就可以实现灭商伟业。

第三步，待商纣王众叛亲离，再次发兵关中，与诸侯联军齐聚黄河渡口孟津，誓师渡河，向东北方的商朝重镇朝歌进军。大军一路进展顺利，最终，四千乘战车在朝歌西南的牧地列阵。

第四步，牧野决战。（详见下篇）

牧野之战

16千米

长治盆地 长治 平顺
长子 黎 上党
山西 林州 商 殷 安阳
太行山脉 陵川 内黄
高平 汤阴
晋城 牟山 鹤壁
阳城 朝歌 浚县 淇县
沁河 辉县 牧 河北
卫辉 韦
博爱 焦作 获嘉 新乡 华北平原
修武 新乡 长垣
济源 沁阳 武陟 延津
吉利 孟州 温县 原阳 鸣条
黄 封丘
孟津 邙山 偃师 巩 封父
孟津 阙巩 巩义 贾 惠济
洛阳 越戏方 荥阳 鲁 开封 兰考
伊阙 洛阳盆地 管 郑州 中牟
伊 新密 中原 杞
嵩山 登封 新郑 通许 杞县
伊川 箕山 尉氏 涡河
有熊氏 华北平原

地图专题 牧野之战

本　　质：周朝消灭商朝的决定性战役。

作战双方：商族为主的商军，被迫作战的奴隶，支持商族的其他部族；周族及庸、蜀、羌、髳、微、卢、彭、濮等族联军。

背　　景：经过祭奠周文王时的"作战演习"，周武王确定了自己诸侯共主的地位，熟悉了进攻商朝的动员步骤，讨伐商族的准备已经极为周全。

透过地图说历史：

在牧野之战中，周武王的主力是其亲率的兵车三百乘、虎贲（周王近卫军）三千人、甲士四万五千人，辅助作战的是各方诸侯的人马。

牧野之战的交战地点濒临卫河，距离商朝的重镇朝歌只有十几千米，可以说在这场武王灭商的大战中，首战就是兵临城下的大决战。

而商纣王在仓促之间难以抵挡这么大一支力量，所以除了少数商朝军队以外，纣王还征发了大量奴隶、俘虏参战。纣王动员的具体人数，有说法是七十万，也有说法是十七万，但无论怎样，商纣王在兵力上都是远超周武王的，以至于《诗经》中有"殷商之旅，其会如林"的记载。

但是，纣王的军队成分复杂，很多奴隶、俘虏对商纣王恨得咬牙切齿，即便是军队中的商族人，很多也是不满商纣王的。所以这支军队的斗志和纪律都出了大问题，大量士兵阵前倒戈，大军几乎瞬间崩溃。

商纣王无兵可用，在繁华的朝歌城内自杀。周武王则在攻占朝歌后率军北上，彻底平定了殷商的故地殷。

时间 前1600—前1046

5 奴隶悲歌

由夏至商，中国在近千年的时间内推行的是奴隶制。夏商两朝繁荣的背后，是奴隶的血泪悲歌。

在奴隶制度之下，大批奴隶始终处于少数奴隶主的残酷压迫之下。奴隶是从哪里来的呢？他们大多源于战争中的俘虏。一旦沦为奴隶，他们就像牲畜、房屋、工具一样，成了奴隶主的私有财产。大奴隶主能拥有成千上万个奴隶，小奴隶主也有几十个或几百个奴隶。奴隶的头上通常会被打上烙印，可以牵到市场售卖。据卜辞记载，五个奴隶只能抵一匹马和一束丝。

那时候的农业生产和手工业生产劳动，均由奴隶来完成。天刚破晓，奴隶们便被驱赶着下地劳作，晚上被关进阴暗低矮的茅屋里。为了防止奴隶逃跑，有些奴隶主还会给他们戴上枷锁。冬天农闲时，奴隶们忙于纺织麻布、修建房屋、烧制陶器、冶炼青铜器等。

更令人发指的是殉葬礼仪——奴隶主死后，奴隶会被活埋入墓，按照身份和地位的高低，一个奴隶主死后会安排几个、几十个或几百个陪葬的奴隶。

不止如此，每年祭祀死去的奴隶主的时候，他的后代不仅会宰杀牲畜，更会宰杀奴隶，即"人牲"，一次就能杀掉几十个、几百个，因为人

龙形青铜觥

觥在古代是权贵之家盛酒专用的器具，也可用来罚酒。这只龙形觥雕刻有极为少见的精美鼍纹（鳄鱼纹），在商朝众多青铜酒器中独一无二。可见在商周时期，黄河沿岸曾经有许多鳄鱼畅游在沼泽之中。

牲比牲畜便宜多了，曾有贵族人家一次就杀掉了两千六百五十六个奴隶！

在如此残酷的迫害下，奴隶们开始了一次次的逃亡，每一次逃亡，都伴随着奴隶主的追捕。一条卜辞上曾记载：厉发起占卜，问逃亡的奴隶能抓到吗？王说，会在某个逢乙或逢丁的日子里抓到。后来得知，逃亡的奴隶已在七天前的丁亥日被抓。另一片卜辞记载着一个叫刍的畜牧奴隶逃跑了，与其一同逃跑的还有十一人。逃跑的奴隶被抓回来，当然不会有好下场。有的被乱箭射死，有的被砍掉双脚，有的被杀掉当"人牲"来祭祀神灵。

奴隶主的残酷行径引燃了奴隶的胸中怒火，激起了他们更猛烈的反抗。奴隶们掀起一次次反抗、逃亡和暴动，虽然屡屡遭到镇压，但也削弱了商朝政权的力量。因此，自武丁中兴以后，商朝开始呈现明显的衰落之势。

虽然后世的君主为了防止国内的奴隶主、贵族对奴隶、平民过度压迫，曾经尝试重新修订祖宗的刑法，但对于根深蒂固的奴隶制来说仍然是杯水车薪。

奴隶制度虽然充满罪恶，但奴隶特殊的身份和协作方式使得人们在生产力还不发达的时代就完成了分工细致的冶炼、雕刻等工艺流程，创造了灿烂的青铜文化。

知识充电

殉葬制度

殷商时期，人们信奉鬼神，已经形成了人死有知的鬼神观念。殷人大肆杀死奴隶殉葬活祭并非简单地出于文明不达、生性残忍，而是认为死去的贵族也需要奴隶侍奉。

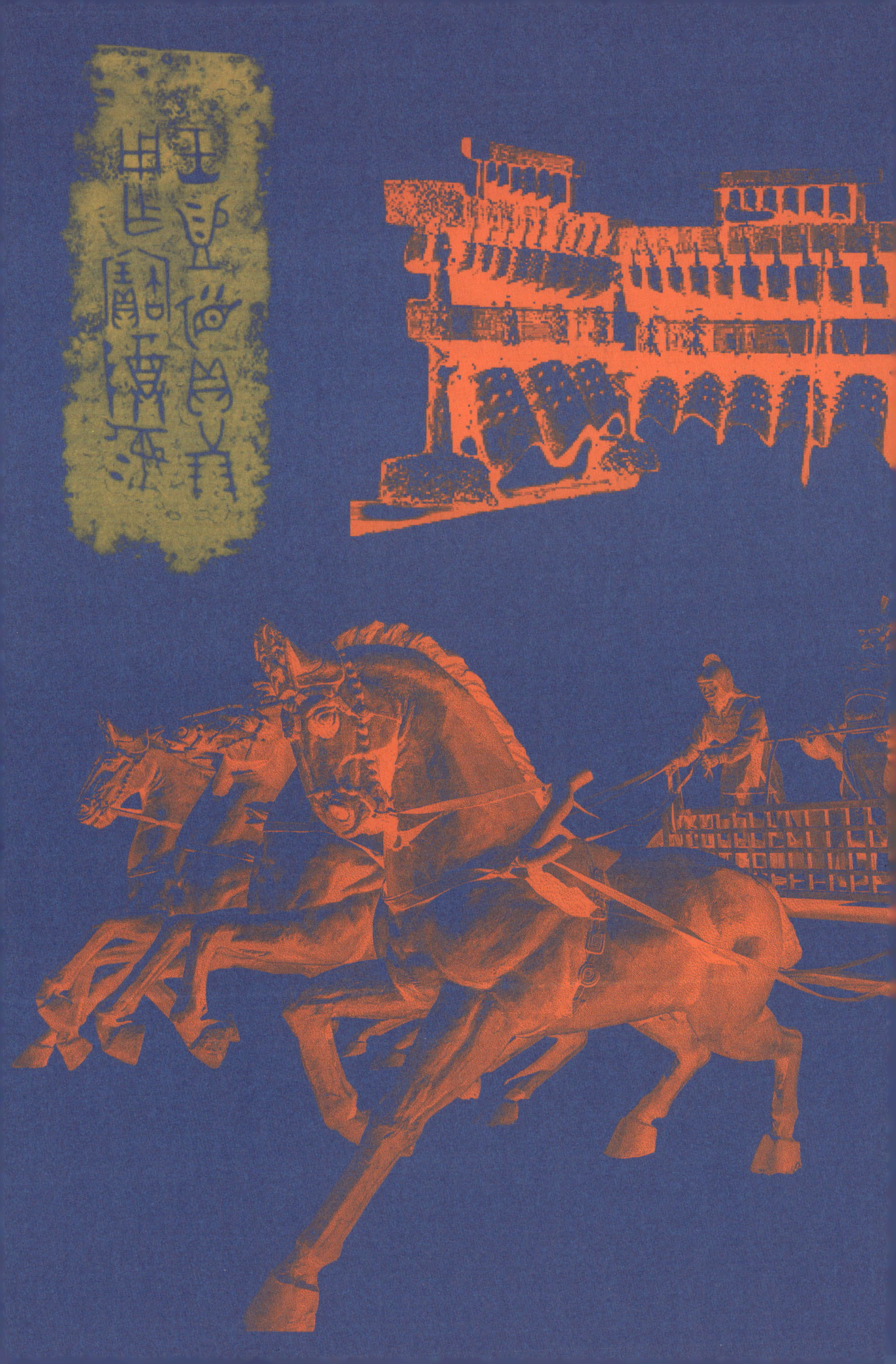

前 1046	封邦建国
前 1043—前 1036	周公辅政
前 1043—前 996	成康之治
前 996—前 977	计淹昭王
前 977—前 922	穆天子传
前 841—前 828	国人共和
前 817—前 782	宣王中兴
前 782—前 771	犬戎亡周

西周

前 1046—前 771

　　文化是从一个中心点，逐渐向各方面发展的。西周以前所传的，只有后世认为共主之国一个国家的历史，其余各方面的情形，都很茫昧。固然，书阙有间，不能因我们之无所见而断言其无有，然果有文化十分发达的地方，其事实也决不会全然失传的，于此，就可见得当时的文明，还是限于一个小区域之内了。

——吕思勉《吕著中国通史》

时间　前1043—前1036

30 千秋楷模周公旦

> 成王少，周初定天下，周公恐诸侯畔周，公乃摄行政当国。管叔、蔡叔群弟疑周公，与武庚作乱，畔周。
> ——《史记·周本纪》

【人物】周公旦、武庚、管叔鲜、蔡叔度

【事件】东征之战、营建洛邑、建立礼乐制度

"文王有大德而功未就，武王有大功而治未成，周公集大德大功大治于一身。孔子之前，黄帝之后，于中国有大关系者，周公一人而已。"汉代思想家贾谊的这番评价，可谓切论。

周公东征平叛乱

周族攻破朝歌之后，武王为了稳固殷商遗民，对纣王的儿子武庚也进行了加封，让他管理商朝的一块旧地，管理商族的遗民。但周商毕竟已经结仇，武王担心武庚作乱，就在武庚的封国边设立了三个小国，交给弟弟"鲜"和"度"等人去管理，以便监管武庚，防其叛乱。其中鲜的封地为管国，人们便叫他"管叔鲜"，度的封地为蔡国，人们便叫他"蔡叔度"。天下于是基本平定下来。

做完安排刚两年，武王就病逝了，嫡子周成王还是个小孩子，根本没有治理天下的能力。无奈之下，周武王的弟弟周公旦决定暂时摄政。

周公旦是周文王的四儿子，周武王的弟弟，他单名一个"旦"字，因为采邑在周，所以被后世称为"周公旦"。

周公旦是一位非常能干的政治家，而且忠心耿耿。只要听说有政务要处理、有人才要接见，周公旦哪怕在洗澡也要拧干头发，哪怕在吃饭也要先吐到一边，赶去处理。在周公旦的治理下，天下归心，周朝的统治彻底稳定下来。

周公旦想着等成王年长，便还政于他。可在一些心胸狭隘的人眼里周公旦分明是自己坐了王位，其中就包括奉命监督武庚的管叔鲜和蔡叔度。这两人都是周文王之子、周武王之弟，看到国家大权由周公旦主政，自己仅仅掌管着一方小国，如何甘心？他们四处造谣说周公旦独掌大权，下一步就要谋权篡位。

谣言说得多了，连姜太公都起了疑心。周公旦恳切地解释："我为什么不避嫌疑，出来代理政务？是因为天下动荡，四海不平，再加上成王年幼无知，一旦被坏人乘虚而入，就会失去祖上打下的江山啊。等到成王长

圣帝明王善端录·成王四辅

此图描绘了武王去世后辅佐成王的四位辅臣。他们立于殿前，分别是：善于用大道教诲成王的周公；秉持道义，善于决断的姜太公；廉洁而正直敢言的召公；博闻强识，善于为成王解惑的史佚。

时间　前1043—前1036

历代帝王圣贤名臣大儒遗像·周公

大，我必然归还国家大权。"姜太公等人这才打消疑虑，与周公旦一同治理国家。

谣言四起之际，管叔鲜和蔡叔度趁机和武庚勾结，联合淮河下游的九夷部族，公然造反。为了稳定天下，周公旦决定东征。出征前，他宣读了讨伐叛军的檄文，大意是周王朝"天降大祸"，但通过占卜已得到出兵大吉的卦象，自己决定替天行道，巩固文王、武王建立的基业。

各路诸侯深受鼓舞，纷纷起兵响应，周公旦亲任统帅，率领大军开赴战场。

殷商气数已尽，所以武庚的反叛不得人心，大家都认为他背信弃义，辜负了武王的信任。东征军势如破竹，一举击溃了这支叛军，武庚被杀。管叔鲜和蔡叔度也没能顽抗多久，最终管叔鲜被杀，蔡叔度被流放，东征之战的第一阶段取得了胜利。周公旦没有就此班师，他意识到了东方诸侯对政权的威胁，决心乘胜平定东方，转而开赴奄地（今山东曲阜一带）。

奄一度跟随武庚作乱，是一个实力较强的诸侯国，周军没有直接与其对战，而是先扫平周围两个邻国，令其孤掌难鸣，再直逼其国都。奄的国君只好开城投降。随后，薄姑（今山东博兴县）等一些诸侯国也纷纷来降。

东征之战持续了将近三年，周军获得全面胜利，不仅清除了商朝的残余势力，还征服了东夷诸国。

为了巩固东征的胜利果实，周公旦把朝歌及附近的土地封给弟弟康叔，定国号为卫；把现河南省商丘一带封给了纣王的哥哥微子启，定国号为宋；在宋国附近建起陈国（今河南省淮阳县）、杞国（今河南省杞县）、谯国（今安徽省亳县），这三个国家负责监视宋国的举动。与此同时，他还推行一套新的军事政策，将商朝旧民和东夷部族编入军队，组成一支强悍的武装力量，陆续平定了黄河下游和淮河流域的各个部族。

这时候，周朝的疆域已东到大海，北至辽东，南至淮河流域，成了一个泱泱大国。

知识充电

金文

周人继承并发扬了商人的文明，继续了灿烂的青铜文化，留下了大量带有铭文的青铜器具，这种青铜器的铭文称为"金文"，金文是对甲骨文的进一步发展。

其实，在青铜器具上雕刻文字早在商代就已出现，并且金文也曾与甲骨文并行，后母戊鼎上的铭文就是一例。只是商代早期的金文大多较为简单，形式固定，甚至只是简单的族徽文字。到了周朝才大量出现文辞连贯、篇幅较长的铭文。这些铭文一般记录的是贵族建立战功、接受赏赐的事迹，用意是将功绩永世流传。有些侧重于记事，对战争的描写非常详细，有历史的特征；有些侧重于记言，行文已有顿挫韵律，和《尚书》中的篇目已经相差不大，是文学发展的重要阶段。

逨钟

地图专题 周公东征

本　　质：周王朝内部的权力矛盾以及殷商残留势力的反扑。

作战双方：周王室及支持周公的诸侯；管国、蔡国、宋国及支持殷商的东方部落等。

背　　景：武王早死，成王年幼，周公旦独揽朝政引起同为王弟的管侯、蔡侯不满；周王朝辖域内的殷商势力仍然没有完全屈服。

透过地图说历史：

周公旦平叛其实是一场东西之战。周王室自西方兴起，所以建国之初，周朝的重心在如今的西安一带。而被征服的商王朝位于华北平原，距离周朝的王都达数千里，行军时间数以月计。在交通不发达的古代，想要有效控制东方是很难的。所以周朝将原来商朝的核心区域一分为三，邶地由殷商后裔武庚管理，卫地由蔡叔管理，庸地由管叔管理，三者合称三监。管叔和蔡叔的责任正是监视武庚。于是，当负责制衡东方势力的管、蔡和武庚结盟后，一场大叛乱就难以阻止了。趁着管蔡图谋不轨，和商朝亲密的奄地君主以及薄姑君主都向武庚献策，认为是起事的绝佳时机。三监之乱于是彻底爆发，南方淮水之侧的东夷大国徐国也加入叛乱。

周公平定这场叛乱，主要历经两步，第一步是平定三监。在作战前，周公巧妙地联合了对他有所怀疑的托孤重臣召公，与他分工合作，分别治理陕以西和陕以东的领土，化解了周王室内部的矛盾。当时，由于管蔡辈分高、地位尊崇，很多臣子在心理上不愿意与他们为敌，为了打消顾虑，周公用文王留下的大宝龟占卜，把平叛定性为完成文王的意志，这才稳定

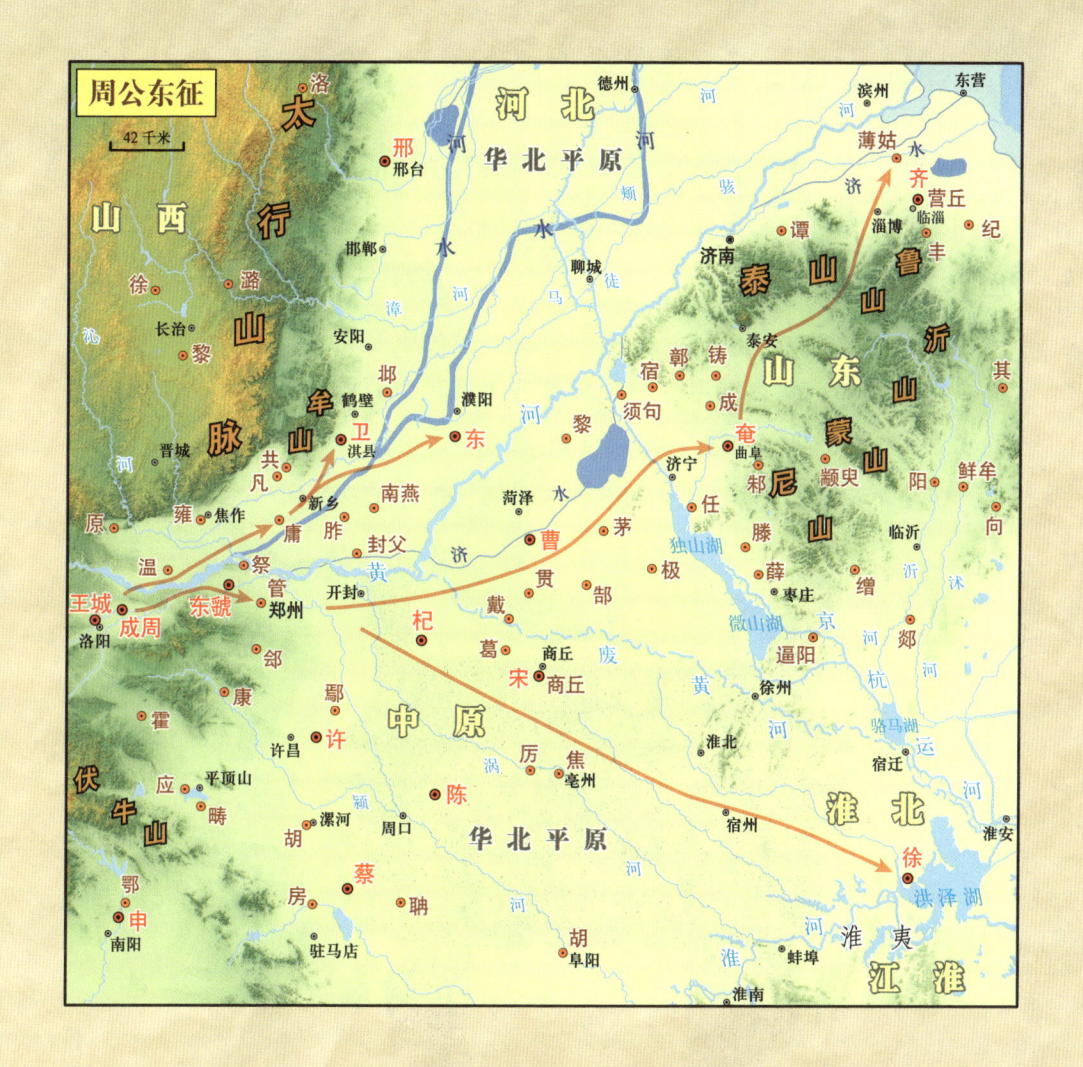

了人心。攻三监前，周公还瓦解了反叛的殷商人。当时，有十个殷商贤人率众投奔周公，周公平叛的队伍里于是除了周朝的王六师外又多了殷人的殷八师。整合了如此多力量，周公这才一举击溃了三监。

击溃三监以后，周公平叛进入第二步。周公用了很长时间征战在外，平复了响应叛乱的大国奄、薄姑、徐。史书将这一阶段以"践奄"概括，可能奄地的战斗是平叛中最重要或最艰难的。践这个词的意思其实很残酷，《尚书》的解释是周军将奄地的叛乱者杀尽，将他们的家属抓捕，将宫室城池夷为平地后注水变为大池，淹没这个国家存在过的一切痕迹。

正是因为周公东征，东方的反周力量纷纷臣服，为成王时代的大规模分封打好了基础。

时间　前1043—前1036

5 建东都、制礼乐

武庚、管叔鲜和蔡叔度之所以敢悍然发动叛乱，一个重要原因便是周朝国都位于西部，对东南地区控制力较弱，这一点武王在世时也曾想到。因此，平定叛乱之后，周公旦决定尽快在东方营建一座都城。

经过一番占卜和考察，周公旦选定了洛水附近的成周（今河南省洛阳市）作为新都。他详细地规划了新都的区划，与商纣的朝歌相比，成周摒除了奢华之气，规模宏大、布局合理。

据史书记载，这座都城"设丘兆于南郊，建大社于国中""堙方千七百二

德方鼎

德方鼎是青铜器中的任食器，铸于西周成王年间。西周早期的方鼎造型更趋浅腹，足部变得细长，德方鼎是这一时期的典型代表。它通高24.4厘米，口纵14.2厘米，口横18厘米，在口沿的两边有两只立耳，腹饰为兽面纹，两侧的龙形纹以细雷纹为底，足上端饰牛首纹。

德方鼎腹内底部铸有铭文，记载了掌管祭祀的贵族"德"跟随周成王，自蒿地前往成周，为周武王进行一场规模宏大的祭祀活动；祭祀结束，周成王赏给"德"二十朋贝，即四十串贝币。

丈，郭方七七里。以为天下之大凑"，城内的建筑主要有五宫，即太庙、宗庙（文王庙）、考宫（武王庙）、路寝和明堂。

在营建东都时，周公旦使用了不少商朝遗民。因为安置商朝遗民，加强对他们的控制，也是营建东都的重要原因。

周公旦连续发布几篇文章，其中一篇说道："商朝的遗民们，现在我不想杀害你们，只是希望你们能跟我去洛邑建造一座都城。只要服从迁徙，就能得到土地安居乐业，如果不愿服从，不但无法拥有土地，我还要代表上天惩罚你们。去洛邑建城吧，定居在那儿，你们会获得好收成，会子孙兴旺、家族绵延。"

这些恩威并用的劝说，不仅确保了东都的顺利营建，还在一定程度上缓和了商周的矛盾，促进了两族融合。

一年后，东都终于建成，成王将象征天下权力的九鼎移至此处。周朝自此有了两大国都。位于西部的是周朝的发源地，因此又称"宗周"，意思是周的祖宗建设起来的都城。东部的洛邑称作"成周"，意思是周朝建立以后营造的都城。

东都建成后，周公旦一面在都城的一边给商朝的遗民分配了土地和房屋，一面进驻一支装备精良的"天子八师"，负责监视对方。

周公旦明白安定天下不能全靠武力，他研究上古帝王执政的经验，发现礼乐对人心有重要的教化作用，他认为完备的礼乐制度甚至可以代替武力强制。

为了让创制的礼乐上承尧舜夏商时代的精华，下应周朝的社情民生，周公旦走访殷商的先贤贵族，向他们请教祭祀的环节、礼仪、器具，还到各个诸侯国采风，了解各地的民风习俗。搜集了大量资料后，周公旦对礼制进行了整理和改造，创建了一套切实可行的制度。

这套制度涉及饮食起居、祭祀丧葬、衣冠器具，从各个层面为各个阶级制定了庞大繁复的生活规范，让礼制无时无刻不规范人们的生活，使每个人都有尊卑有别、长幼有序的礼仪意识。

时间 前1043—前1036

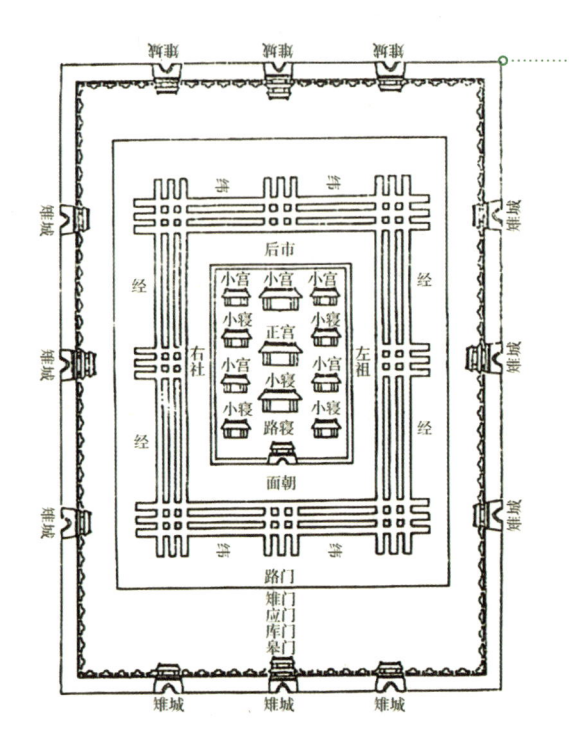

周王城示意图

据《周礼·考工记》记载，成周王城"方九里，旁三门。国中九经九纬，经涂九轨。左祖右社，面朝后市"。这段话简单理解起来就是成周城为九里见方的正方形，由通过城门、可容九车并行的纵横道路，将王城划分为面积相等的九区。核心区由宫殿、祭祀祖先的祖庙、祭祀土地的社稷庙组成，宫殿居中，祖庙居左，右建社稷。

这种"王者居中""为数崇九"的王城建筑布局对后世帝都建设影响极大。

礼乐制度使得西周的统治水平远超以往，中国由此进入了礼乐文明的时代，对后世产生了深远影响。礼乐制定完毕时周公旦已执政七年，他如约把政权还给了成王。周公旦一生的功绩可以概括为："一年救乱，二年克殷，三年践奄，四年建侯卫，五年营成周，六年制礼乐，七年致政成王"。

周公辅政浮雕

31 成康之治

> 故成康之际，天下安宁，刑错四十余年不用。
> ——《史记·周本纪》

【人物】周成王、周康王、盂

【事件】成康之治、征伐鬼方

周成王、周康王在位年间，对内推行周公"明德慎罚"的主张，务从节俭；对外用武力控制东方少数民族地区。这一时期国力强盛，经济繁荣，文化昌盛，社会安定，史称"成康之治"。

分陕而治

亲政之后，周成王并未久居东都而是返回镐京，由周公旦长期在成周镇守，这其实反映了周朝建立之初扩张影响力的两大方向。在此分工下，周公镇守东部和南部的广大区域，加强对殷商遗民和东方势力的稳定，而周成王开始集中精力治理西部。

周成王时代是周朝稳定统治并扩充影响的时代，主旋律就是告诫天下诸侯周朝取代殷商成了天下共主。为此成王在周公旦的辅助下数次出兵，并且进一步册封诸侯，以达到巩固统治的目的。公元前1021年，在位二十二年的成王去世。成王死后将儿子钊（也就是周康王）托付给大臣召公奭（shì）和毕公高，由他们共同辅佐。

时间 前1043—前996

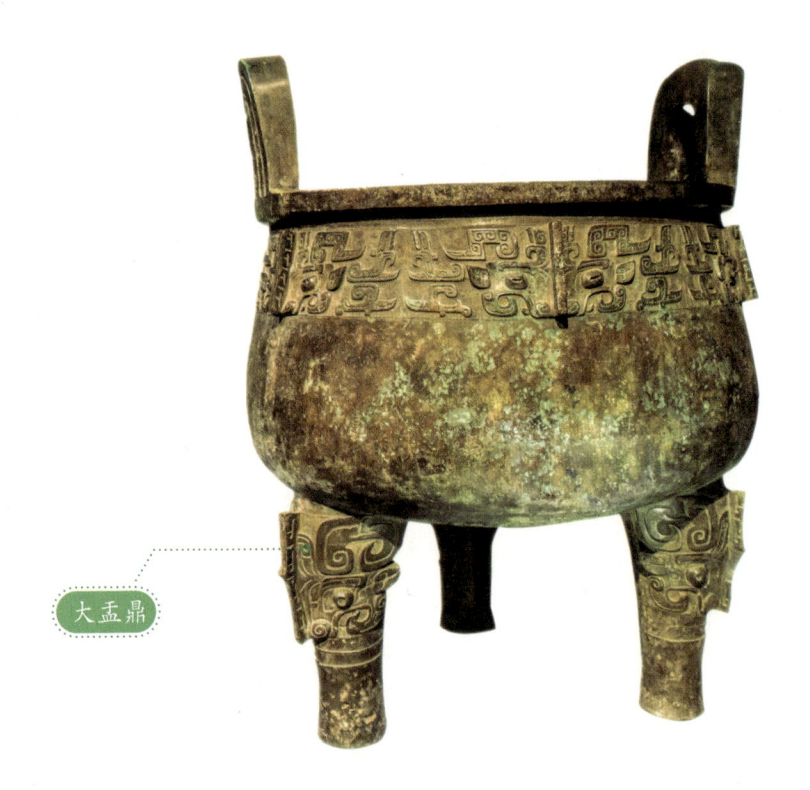

大盂鼎

5 后继有人

康王也是一位有作为的君主,延续了周朝蒸蒸日上的发展趋势。他继位后拜谒先王庙宇,听取召公和毕公的意见,力行节俭,戒除贪欲,专心处理国政。同时通告天下诸侯,宣讲周文王、周武王的伟大功绩,写下了一篇《康王之诰》。

康王在位二十五年,在政治经济上继续推行前代的国策,使得周朝国力进一步发展,达到全盛时期。对外则多次对周边的东夷、鬼方等部族采取军事行动,扩充了疆域。比如小盂鼎铭文就记载了康王八月命令贵族盂征伐鬼方,俘虏一万三千余人,缴获战车三十辆、牛羊若干的事迹。

据说在各位贤臣的辅佐之下,从周成王至周康王时期,天下安宁,民生祥和,四十多年没有人犯罪,也没有动用任何刑罚,这一时期被后世称作"成康之治"。

知识充电

西周的贵族

采取分封制的西周其实仍然保留了大量的奴隶群体，而且已经有了学校的概念，不过学校的生员限于贵族和宗室子弟。学有所成后，这些子弟有的可以继承祖先的邦国，出色的还可以另在周王室任职，成为朝中重臣。册封的过程是隆重的，由周王亲自赐予香酒、衣冠、车马及旗帜等礼器，有时还会赐予众多的平民、奴隶。比如大盂鼎中就记载了为康王征伐鬼方的重臣盂受封的场景，康王赐给了他一千多名异族奴隶。

圣帝明王善端录·歌于卷阿

卷阿就是折折弯弯的山陵，此图描绘了周成王在卷阿游玩的故事，周成王游玩至此，高兴地登高而歌。召公看见了，就趁着周成王兴致正高，作了《卷阿》这首歌来训诫他。

时间 前1043—前996

32 崛起的四方诸侯

封诸侯，班赐宗彝，作《分殷之器物》。
——《史记·周本纪》

【人物】姜尚、周公、叔虞、鬻熊子

【事件】邦国初起

成康时期，周朝领土不断扩张，为控制新领土、稳固统治，周王朝实行封邦建国的方法，由此，齐、鲁、晋、楚等重要诸侯国建立并逐步强大起来。

　　成康时期，周王室国力鼎盛，领土不断扩充，而周朝控制新领土的方法主要是封邦建国，也就是将功臣和宗室子弟分配到被征服的土地上，形成听命于周王室的邦国以稳固统治。

　　周朝的分封不是一蹴而就的，而是随着势力的扩大渐次进行，这种统治方式的控制力明显优于殷商，因此周人的影响迅速扩大。但是分封也有弊端，随着诸侯国发展强盛和亲缘的疏远，强大的诸侯国往往有不听从王命的现象。不仅如此，随着周王室在成康时代后的衰落，一部分强大的诸侯国逐步走向历史舞台中央，对后世的历史产生了深远影响。早在成康时期，大部分在几百年后搅动风云的重要诸侯国已经形成。

姜尚兴齐

齐国受封者是伐纣的最大功臣姜尚，当时的国都在营丘（今山东临淄）。齐国初建时营丘一带仍有一些不服从的势力，一些嚣张的夷族势力比如莱国，在姜尚刚刚带人建国时就前来争抢土地。经过在淄河与莱国的一场大战，姜尚才站稳了脚跟。姜尚以战争平定齐国的事，其实是周人武装封建的一个缩影，前往封地建立国家的西周诸侯，大多和当地人有过武力冲突。因为齐国靠近大海，姜尚就带领大家煮海盐、开铁矿，种植适合温润气候的桑树、水稻，齐国人很快富裕起来。在政策上姜尚则坚持因俗简礼、崇贤尚功的原则，按功劳任用人才、尊重当地风俗。合理的政策让齐国迅速强大起来。

伯禽安鲁

鲁国的受封者是成康时代的第一辅臣周公，国都在奄，也就是今天

太公封齐战车雕塑

崛起的四方诸侯

的山东曲阜。由于周公忙于辅佐成王，鲁国的实际管理者是周公的长子伯禽。鲁国的疆域不大，位置是殷商的旧地，人民则是殷商的六个遗族，整体条件不算优越。但鲁国因为周公的功绩地位十分尊崇，是东方姬姓诸侯国中最重要的国家，可以采用祭祀天子的礼节祭祀祖先周公。在伯禽的治理下，鲁国兼并了一些异族势力，国土进一步扩大。

改唐为晋

晋国在成康时代还没有使用后世熟知的名字，当时册封的是晋国的前身唐国，唐国的受封者是成王的弟弟叔虞。封国最初在今山西翼城、襄汾县一带，这里是唐尧后人的故土。唐国在叔虞的治理下逐步壮大，传到儿子姬燮（xiè）时国都迁移到晋水，因此改名为"晋"。叔虞治理晋国时在田地里发现了两棵稻苗生于异垄却一起结了一个大稻穗，他认为这象征天下和同，就把这个祥瑞献给了哥哥成王。这个事件本身意义不大，典故却流传下来。而后晋国逐步兼并周边势力，成了一个面积广阔的大国。

成语典故

桐叶封弟

叔虞是周成王的弟弟，两人一起长大。一天周成王和叔虞做游戏，成王把一片桐树叶剪成圭状送给叔虞，说："用这个分封你。"这句玩笑话被一旁记录的史官尹佚听见，他当即记录到史书中，并请求选吉日封叔虞为诸侯。周成王说："我只是和他开玩笑！"史佚说："天子无戏言。言出，史官就会如实记载，就要按礼节完成，并奏乐歌咏。"于是周成王把唐（在河、汾之东，方百里）封给叔虞。

5 楚国封南

楚国的受封算是一个另类，这个国家的初代受封者熊绎不是周室宗亲，不是伐纣功臣，也不是夏商王族或上古圣皇的后人。熊绎的祖先叫鬻熊子，在文王章节曾经提过，他是文王时代求得的贤人之一。鬻熊一族最早在湖北北部和汉水流域生活，因为伐纣之战没有出兵，也就没能受封。到了成王时代才被追封在丹阳（今湖北秭归）建立楚国。楚国位于偏远的南方，虽然远离中原，但发展潜力巨大，经过几代国君筚路蓝缕的治理，逐渐发展成疆域千里的超级大国。因为楚地和中原文化风俗迥异，再加上鬻熊一族和中原诸侯没有亲缘关系，所以这个国家和中原诸国并不亲近，常常被视为蛮夷。

凌家滩玉器

知识充电

五等侯爵

西周分封建立了诸多邦国，按今天的眼光，我们倾向于从国家的面积和国力来衡量地位。但在西周，决定邦国地位的其实是国主的爵位，爵位共有"公、侯、伯、子、男"五等，公爵最高，依次下降，分封的权力为周天子独有，连公爵也没有权力封男爵。哪怕拥有了强大的国力，爵位低的国家仍然矮人一等，比如地域广大的楚国就是低等的子爵。

周初大分封

地图专题 周初大分封

时　　间：前1046年。
分封者：周武王姬发
受封者：周朝宗室、功臣、伐纣的盟友、殷商的归附势力等。

透过地图说历史：

从地图可以看出，周初分封，以周王室所在的宗周（西安）为根基，受封国散布东方大地，形态如一棵由西向东的大树。就像树木开枝散叶，分封也是周王室开拓疆土的方式。在周朝初年，受封国大体位于今天的河南、河北、山东、山西，在长江以南很少。这说明华夏民族当时控制的主要区域就在这一范围内，长江以南还没有得到开发。而且即便是在这个小圈子里，其实还混杂着很多少数民族的势力。正是靠着不断征服少数民族、吞并较小的诸侯，以及不断开发新的土地，华夏民族才开枝散叶扩散到了中华大地的四面八方。

通过归纳当时封国的情况，可以看出以下特点：

· 亲附周王室的重要同姓、异姓诸侯（燕鲁齐邢卫曹蔡等）被广泛分封在周王朝疆域的东土和北土，拱卫着成周的安全。

· 山川要道之间往往由和王室亲近的姬姓国把握，如东虢国把握进入伊洛平原的关口。

· 殷商旧部宋国处于姬姓国家的包围监视之中，被征服的异族一般被安置在异族侵扰的边塞之地，充当抵御袭扰的第一道防线。（如鄂）

这种分封方式使东土和北土迅速被周朝吸纳同化，成为国家的一部分，但南方和西方这两片密布着扬越、淮夷、犬戎、姜戎等强大部族的地方，却缺乏强有力的国家制衡，长期成为周朝的威胁。

西周晚期，王室衰微，周幽王正是被西北方的犬戎所杀，东周时期，南方楚国坐大，频繁袭扰中原，都和周初大分封的布局有很大关系。

时间　前996—前977

33 楚国计淹昭王

> 昭王之时，王道微缺。昭王南巡狩不返，卒于江上。其卒不赴告，讳之也。
>
> ——《史记·周本纪》

【人物】周昭王

【事件】征伐东夷、南征未返

周昭王继位后，继续扩大周朝疆域，东征攻打东夷部落，收服了二十六个邦国。为惩罚楚国不尊之举，周昭王出兵讨伐，在第三次亲征时，卒于汉水。

伐楚爱好者周昭王

经过成康之治，周朝渐渐变得国力强盛，民众安泰。

公元前996年，周康王去世，儿子姬瑕（xiá）继位，史称周昭王。周昭王崇尚武力，时常对周边各国进行军事威慑。在征服了东夷、淮夷之后，其他各国也纷纷归顺。短短两三年内，周朝收服了二十六个邦国，此时东夷地方的统治基本巩固，昭王便将扩张的目标向南方转移。但南方不是权力真空，楚国经过几代奋斗俨然成为一方大国，和周王室的矛盾也日益加深，最后竟然连向周王室进贡苞茅以示臣服的义务也停止了。所谓"苞茅"不过是一种祭祀时用的茅草，并不多么贵重，但楚国的拒绝意义是空前的，是诸侯不尊王室的首例。

周昭王非常生气，决定出兵讨伐楚国。他调集一批精锐之师，南渡汉水，深入荆楚之地，沿途震慑了大量地方部落，楚国士兵在这里迎战，但被打得大败，他们此时还不是周王室的对手。这一战导致江汉地区落入周王室之手。

楚国蒙此大败，却仍然有一战之力，优越的地理条件给了他们战略空间，于是楚国举国整备，训练军队，等待一雪前耻。而周王室也不打算停止扩张，因此双方罢战三年后再次开战。

昭王中计，南巡不返

周昭王十八年（前978），昭王率领西六师再次征伐楚国，这一次，周昭王轻敌傲慢，而楚国兵员经过训练远胜以前，再加上南方多水，地形

大克鼎

大克鼎，又称"克鼎、膳夫克鼎"，西周中期的青铜器，造型庄严厚重，通高93.1厘米，口径75.6厘米，重201.5千克，腹内铸290字铭文，笔势圆润，其内容记录了管理周王膳食的官员"克"接受册命的过程，是研究当时土地制度和官制的重要资料。表明了周时贵族的官职虽然出于世袭，但为了显示王权的威严，又必须经过天子重新册命，这种册命并非流于形式，授予的职位也可以与先祖不同。

时间　前996—前977

有利,周王室的"御林军"竟然狼狈落败。此战,是周王室建国以来首次败给诸侯,大大削弱了王室的权威。

昭王为了挽回权威,仅仅整顿一年就再次号令诸侯伐楚,大军声势空前。楚国明白以一己之力对抗天下诸侯殊为不智。便假意屈服,献上大批奴隶、财物,并借此机会设下了一个圈套。他们造出几艘大船献给昭王,但船板之间只用胶水黏合在一起,几乎没用钉榫固定,船板表面再覆以花花绿绿的图案,昭王根本看不出其中端倪。

看到大船完工,周昭王高兴极了,立刻把那些抢来的车、马、财物统统运到船上,乘船畅游。大船驶向河心,层层水浪涌来,不停拍打着船板,零星的铜钉松散掉落,树胶黏合的部分开始解体……没过多久,几艘大船便全部散架,大批周军与所有的车马、财物统统掉进江里。

江面上一片翻腾,大批人马慌作一团。周昭王不会游泳,扑腾了几下便没了动静。

征讨一个子爵诸侯国,堂堂天子不仅三战两败,还丢了性命,这种丑事怎能说出去?周朝羞于启齿,把周昭王的遗体悄悄运回镐京,不作讣告,赶紧扶持昭王的儿子继位稳定政局。秉笔直书的《史记》对此不欲多言,只说昭王"南巡狩不返,卒于江上"。昭王之死,动摇了整个周王室的威信,导致了周朝的第一次衰落。

周昭王像

34 爱旅游的周穆王

> 穆王闵文武之道缺，乃命伯冏申诫太仆国之政，作《冏命》。复宁。……诸侯有不睦者，甫侯言于王，作修刑辟。
> ——《史记·周本纪》

【人物】周穆王、吕侯

【事件】四方巡游、征伐犬戎、制定《吕刑》

周穆王在位期间，喜欢四处巡游。对外，他继续进行扩张政策，征伐犬戎，虽胜但因政策的失误加剧了边疆矛盾；对内，他命吕侯制定法典《吕刑》，以巩固统治。

穆天子游记

公元前977年，周昭王死后，儿子姬满继位，他就是有名的周穆王。周穆王是一位传奇天子，他在位时间长达五十五年，一生用武不少，颇有斩获，而且最喜欢四方巡游，行程以万里计。这在交通不便的古代几乎不可想象，以至后世很多神话故事都将他追溯为起源。但是他又不完全算昏君，在位期间周朝反而有些振兴的趋势。

据说，周穆王驯养了八匹骏马，他乘坐着这八匹骏马拉的车子，从北方巡游到西方，到达纡（yū）山、巨蒐（sōu）国、昆仑山、赤乌国、长臂国等很多地方，最后到达西王母的国家，受到了西王母的盛情款待。

周穆王巡游的大致范围可能包括今天的内蒙古、甘肃、新疆以及新疆

时间 前977—前922

以西的中亚细亚地区。沿途所到之处，他送出了珍贵的礼品，也收到了罕见的宝物。

巡游以外，周穆王在任时仍然继续了周朝的扩张政策，他的出兵对象是犬戎，理由是犬戎没有及时进贡。按之前提过的五服划分，犬戎已经是最远的荒服。出兵之前，大臣祭公谋父劝谏周穆王，认为这些荒服之外的边远势力已经超出了中央政权的有效控制范围，只要他们承认周朝的地位就足够了。对他们要修明德政，予以教化，让他们自愿朝见，而不是武力征服。周穆王不听，凭着强大的兵力征服了犬戎，带回了四头白狼、四只白鹿作为征服的象征。此战虽然胜利，但自此以后，荒服以外的势力都不愿意来朝拜了。

盠驹尊

盠（lí）驹尊是中国历史上发现的第一件以马驹为原型的青铜器。该尊于1955年在陕西郿（méi）县一座西周青铜器窖藏中发掘出土。尊上有铭文两处，一处位于颈部下方，共计九十四个字；另一处位于马驹背部的尊盖下方，有十一个字。考古学者推测这件青铜器大概制造于周穆王时期，若推测属实，则提供了证明周穆王喜爱饲养马匹，并且曾经驾驭马匹巡行西方的实物证据。

5 制定《吕刑》

虽然穆王的对边政策是错误的，但他执政期间仍试图要求臣子尽心王事，以使国家得以重新安定，但此时王室威信降低，社会动荡加剧，只靠周公制定的礼制不行了。为了确保统治，穆王不得不让吕侯（也称"甫侯"）制定法典《吕刑》，借助法律的力量巩固统治。

《吕刑》的设立在当时是一种不得已的次选，但客观上却成就了我国第一部刑事法律著作。《吕刑》总结了夏商以来就有的刑事处罚方式，要求法官审案要观察辞、色、气、耳、目等几个方面，确定是否有隐情。查实有罪后，罪过大的用墨（在身上刺符号）、劓（割鼻子）、刖（断足）、宫（阉割）、大辟（死刑）五种刑罚，稍微轻一点的处以五等不同的罚金，再轻一点就记为五等过失。据《史记》记载，关于五种刑罚的条款多达三千条。

尽管《吕刑》严格上不算成文法典，但是仍对法治思想、刑罚制度、刑事政策、刑法原则和执法者的道德素养提出了要求，对我国法律发展意义重大。

帝鉴图说·八骏巡游

此图描绘了周穆王坐着八匹骏马拉着的马车，遨游四方的潇洒情景。

时间　前841—前828

35 国人赶走了周厉王

> 王不听。于是国莫敢出言,三年,乃相与畔,袭厉王。厉王出奔于彘。
>
> ——《史记·周本纪》

【人物】周厉王、荣夷公、召定公、周穆公

【事件】厉王暴政、国人暴动、共和行政

周厉王在位期间,宠信大臣荣夷公,大肆敛财,又用卫巫监视国人,杀有怨言者。公元前841年,国人暴动,周厉王被赶跑,大臣周定公和召穆公共同执掌政权,史称"共和行政"。

防民之口,甚于防川

自周穆王之后,周朝又经历了周共王、周懿王、周孝王、周夷王,这几个都不是有成之君,因此从周懿王起周朝就开始衰落了,连诗歌中也出现了大量劝诫和讽刺的诗篇(那时的诗歌不仅是一种文学形式,更有音乐、祭祀、政治意义)。到了公元前878年,周夷王的儿子姬胡(周厉王)继位时,这种统治的昏聩简直到了匪夷所思的地步。

此时,周朝已呈每况愈下之势,国内的各种矛盾越来越尖锐,而周厉王宠信大臣荣夷公。荣夷公想尽法子帮厉王搜刮民脂民膏,不仅把土地、山林、江河、渔场等重要的国家物产实行"专利"(指专谋私利),由厉王直接控制,还广设名目收取赋税。

西周　晋侯苏钟

西周晋侯苏钟，被列入我国《首批禁止出国（境）展览文物目录》中，属西周厉王时期，1992年于山西曲沃晋侯墓地8号墓出土。编钟大小不一，大者高52厘米，小者高22厘米。钟上都刻有可以连缀起来的铭文，共计355字，完整地记载了晋侯苏受命伐夙夷的过程。这也从侧面体现了周朝虽然衰落，但仍然对诸侯有一定控制力，并且继续着对外扩张活动。

不光老百姓大有怨言，就连一些贵族也对此产生反感。大臣芮良夫批评荣夷公"好专利而不知大难"，必定会败坏周朝的基业，大臣召公（召公奭的后人，也称"召公"）也苦心劝诫厉王罢手。还有一些不知名的臣子把厉王的荒唐写在《板》《荡》两首诗中，劝谏他改邪归正，"板荡"也因此成了表示社会动乱的固定词汇。

周厉王丝毫没有听进去，反而派人暗中监视百姓，发现有谁议论"专利"或是咒骂自己，便立刻抓起来杀掉。如此一来，人们哪里还敢说话？即便在街上遇见，也只能互相使个眼色便匆匆离去。

周厉王沾沾自喜："看！还有谁敢诽谤我？"召公再次劝道："洪水宜疏不宜堵，如果堵住老百姓的嘴，带来的危害将远甚于洪水。"

周厉王对此置若罔闻，继续在国内推行残暴统治。终于，在有心人的策划或默许下，公元前841年，镐京爆发了一场声势浩大的"国人暴动"。所谓"国人"，就是千千万万的平民、手工艺者、小贵族，他们拿起棍棒和农具，如潮水一般冲向王宫。

周厉王想调兵自保，却无兵可调，只好仓皇逃离镐京，一直逃到彘（zhì）地（今山西省临汾市霍州），才勉强保住了一条性命。

时间　前841—前828

5 天子出逃，大臣行政

人们冲进王宫，没有找到周厉王，转而去找太子姬静。姬静还是个孩子，并没有犯下罪过，忠诚的大臣召公就把他藏了起来。看到越来越多的起义者四下搜查，召公为了保全太子，就把自己的儿子交了出去。愤怒的人们杀死了那个无辜的孩子，姬静最终躲过一场劫难。

周厉王躲在彘地，姬静不敢露面。在没有天子的局势下，一帮大臣经过商量，决定由召公和周公（周公旦的后人，也称"周公"）联合执政，人们把这一段时期称作"周召共和"或"共和行政"。

共和行政持续了十四年，周朝的王位也虚悬了十四年，在召公和周公的合力支撑下朝廷才算勉强维持。公元前828年，逃亡在外的周厉王死了，太子姬静也已长大成人。经过两位大臣的鼎力扶持，姬静得以继承王位，史称"周宣王"。

国人暴动的重要意义除了终结厉王的昏庸统治外，另一点是自此以后中国历史才有了确切纪年，有了清晰的时间脉络。

知识充电

诗经

《诗经》是中国第一部诗歌总集，包含三百多首周初至春秋中叶的作品，时间跨度五百多年。虽然《诗经》作为一部总集在公元前6世纪才编定，但其中的诗歌作品却早已广泛流传。《诗经》内容包括公卿列士的献诗、流传民间的民诗还有周朝乐官保管的宗教和宴饮诗，其不只是简单的文学作品，还具有配乐表演性质和礼乐教化意义，被广泛运用于典礼、讽谏和娱乐等场合，具有很强的实用价值。就连大教育家孔子都表示"不学《诗》，无以言"。在后世，诗经的配乐等内容逐渐失传，配套的礼乐制度逐渐崩坏，其文学、艺术和思想价值成为主导，并成为儒家五经之一，是流传千年的教材。

36 周宣王中兴

> 宣王即位，二相辅之，修政，法文、武、成、康之遗风，诸侯复宗周。
>
> ——《史记·周本纪》

【人物】周宣王、尹吉甫、虢季子白、秦仲

【事件】征伐各部族、料民太原

周宣王继位后，对外发动战争征服周边部族，对内任用贤臣辅佐朝政，出现了中兴局面。但连年征战消耗了国力，加剧了社会危机，宣王中兴遂成昙花一现。

宣王变大雅

幼时经历过的国人暴动对太子姬静产生了很大影响，他下令修复公室、广进谏言、安顿百姓、铸造武器，还任用了周公、召公、尹吉甫等一批贤臣辅佐朝政，力图恢复文武成康时代的荣光。通过几次对外战争，周朝陆续征服了周边一些部族，诸侯也陆续重新来朝见天子。尤其重要的是宣王十二年（前816）鲁武公的觐见，作为东方姬姓诸侯之长，这次觐见实际上意味着宣王初步获得了诸侯的认同，就连诗歌的内容也从讽刺转为颂扬，人们把这一现象称为"宣王变大雅"，将这短暂的时期称作"宣王中兴"，宣王中兴是周朝的回光返照。

宣王在位时为了恢复荣光和开拓疆域，发动了多次战争。主要的征讨对象有猃狁（xiǎn yǔn）、西戎、淮夷和荆蛮等。

时间　前817—前782

猃狁是中国北方的游牧民族，多次进攻西周。公元前823年，周宣王派出大将尹吉甫反攻猃狁。尹吉甫刚开始吃了几次败仗，后来找出失败的原因，并掌握了对方的活动规律，在一次大战中反败为胜。公元前816年，宣王又派出虢季子白率军出征，在洛水北岸再战猃狁，斩首五百人，俘获五十人。两战过后，周朝彻底解除了猃狁之患。周宣王特意命人铸造了两只铜盘，分别记载尹吉甫和虢季子白的功绩。

西戎是位于中国西部的一个部族，长期威胁周朝的西部。宣王派遣大夫秦仲前去征伐，秦仲的祖上本是周朝的养马官，在周孝王时被封在秦地。秦地位于周王朝的西北，派秦仲征伐西戎是最合适不过的，一来他熟悉西戎的情况，二来周王室册封秦氏先祖就有让秦氏子孙防备西戎，巩固边疆的意思。

公元前823年，秦仲不幸战败身亡。周宣王抽调七千将士，命令秦仲

毛公鼎

周宣王时期战事不断，他只好将朝廷内外事务交给重臣毛公管理，并再三叮嘱对方要勤政爱民、修身养德。毛公为了让后世子孙记住周宣王的教诲，将王旨铭刻在青铜鼎上，此鼎就是毛公鼎。毛公鼎的铭文有32行，近500字，是现存青铜器铭文中最长的一篇，而且内容叙事完整、记载翔实，被誉为"抵得一篇《尚书》"。

的儿子继续征伐。怀着丧父之痛，秦仲长子嬴祺指挥这支军队打得西戎大败。周宣王非常高兴，将其封为西陲大夫，嬴祺就是秦庄公。

5 穷兵黩武，终致败亡

淮夷是淮河、汉江一带的东夷部族，自周穆王时开始强盛，曾多次入侵伊水、洛水流域，在周厉王时期遭到周军的屡次打击，才算稍有臣服。到了周宣王时期，淮夷停止进献贡品，公然发起反叛。于是宣王派召伯虎作为南征的主将，召伯虎麾下又有多位将军，他们统领着周王室以及齐国、莱国等诸侯的军队在江淮一带与淮夷大战。《诗经》中的《江汉》就是描写这次出征的，诗歌用"江汉浮浮，武夫滔滔"描写周军之雄壮，用"彻我疆土……至于南海"描写战胜淮夷的收获。

连年征战虽为周朝扩充了疆域，但也埋下了隐患。由于战争频发，人口流失越来越严重，周朝的劳动力开始不足。而且由于周厉王造成的十四年权力真空，原本国有的公田渐渐沦为贵族私田，一些由开荒所得的土地也成了百姓的私田，私田越来越多的结果是百姓只要种好私田就足以生活，不愿意耕种公田，自商朝沿袭下来的井田制遭到了严重破坏，周朝的立国之本已经动摇。虽然宣王采取了有成效的税赋改革，但并不能挽回颓势，一些实力较强的诸侯国正暗中蓄力，比如西北部的姜戎。

宣王三十九年（前789），周宣王亲自率领大军讨伐姜戎，却在千亩之战中被打得惨败，从南方江汉调来的军队几乎全军覆没。

这一战令周朝元气大伤，再也无力发动战争，周宣王为了尽快补充财力和兵力，决定料民于太原。"料民"大体上指调查户口，周宣王此举有两个目的：一是方便征税，增加财政收入；二是解决兵源问题。大臣仲山甫极力劝谏，但周宣王没有听从。

此时宣王的统治已经到了末期，他的举措只是延缓了西周衰败的趋势，就像回光返照。

时间 前782—前771

37 "乱开玩笑"亡了国

> 申侯怒，与缯、西夷犬戎攻幽王。幽王举烽火征兵，兵莫至。遂杀幽王骊山下，虏褒姒，尽取周赂而去。
> ——《史记·周本纪》

【人物】周幽王、褒姒、伯服、宜臼、申侯

【事件】烽火戏诸侯、废嫡立庶、犬戎亡周

宠爱侧妃、废黜太子、戏耍诸侯……在以礼法立国的周朝，却出现了一个破坏游戏规则的君主，这个以礼乐和宗法为根基的王朝已然病入膏肓。

"惹祸能手"周幽王

公元前782年，周宣王去世，儿子姬宫湦（shēng）继位，就是周幽王。

此时的周王朝祸不单行，一方面是政局不稳，另一方面是接连发生自然灾害。

周幽王继位的第二年，泾水、渭水和洛水一带都发生了大地震，地震改变了地表面貌，导致岐山崩塌，泾水、渭水和洛水枯竭。在民不聊生的局势下，周幽王不但没有设法安定民心，反而继续过着荒淫无度的日子，每日和美人褒姒玩乐。

中外对比

公元前781年，周幽王继位，在位十一年间贪婪享乐，上演烽火戏诸侯的闹剧。

公元前776年，形成了数百座城邦的希腊举办了第一届古代奥林匹克运动会。

据说褒姒是倾国倾城的大美人，样样都好，唯独不爱笑。周幽王想出很多办法，为此不惜一掷千金，都没能博得美人一笑。大臣虢石父听了心里一动，当即献上一条"妙计"——烽火戏诸侯。

所谓"烽火"是周朝为了防备西边犬戎的侵略，在镐京附近的骊山建起的一座座烽火台。一旦发现有敌情，哨兵晚上在烽火台上点燃火堆，白天则点燃能冒出浓烟的狼粪，用以传达信息。远方的诸侯看到火光或狼烟，就会率领军队救援。

虢石父所谓的"妙计"，就是点燃烽火台搞一次恶作剧，而幽王竟然采纳了。一时火光冲天而起，各路诸侯以为天子有难，率领大军连夜赶来。将士们累得气喘吁吁，左右张望一番，却看不到任何入侵者，城楼上只有哈哈大笑的周天子和褒姒。

知道自己遭到戏耍，城下的各路诸侯都气坏了，恨恨地掉转马头原路返回。

幽王因为偏爱褒姒，以至想扶持褒姒的儿子伯服为继承人，此举埋下了祸根。原来，伯服并不是嫡子，而是庶出，周幽王和申侯的女儿生的儿子宜臼（jiù）才是嫡子。按照周朝的规矩，只有嫡子才能当太子，才能继承王权。为了让伯服名正言顺，幽王废掉了申后和太子。

时间 前782—前771

此图描绘了周幽王和美人褒姒烽火戏诸侯的故事。城头之上，几个侍卫点燃了烽火台，灰烟直上天际，城外是急急忙忙赶来救驾的各路诸侯。

帝鉴图说·戏举烽火

5 亡国来得太突然

幽王的举动不仅违背了祖宗法度，还得罪了王后的娘家人——申侯，申侯的背后是申国，地位举足轻重。申侯因为自己的外孙当不上太子记恨在心，不久，就设法联合犬戎，组成一支庞大的联军，前来攻打镐京。

看到敌军逼近，周幽王赶紧命人点燃烽火请求支援。可是这一回，他没有等来救兵，因为他已经在诸侯中失去了信用。

没有援军，镐京的守兵没有坚持多久。犬戎攻入城中大开杀戒，周幽王弃城而逃后被犬戎追上，和儿子伯服一起被犬戎杀死，至于褒姒则成了犬戎的俘虏。

幽王虽然荒唐，但仍是诸夏之主，得知消息后，晋、郑、卫、秦等

知识充电

记言之祖

《尚书》，最早的书名为《书》，是商周记言史料的汇编，分为《虞书》《夏书》《商书》《周书》，是儒家五经之一，又称《书经》。虽然现在通行的《尚书》不复最初的模样，定本时间也比较晚，但是组成《尚书》的各篇文章显然在商周时期就已经存在，例如其中的《盘庚》就是可靠的商代作品。

《尚书》是我国记言文之祖，记录了统治者的言谈，反映了当时的政治思想和社会情态，其文字古奥典雅，写作技巧比甲骨文和铜器铭文有很大进步，而且单独成篇，已经发展出了完整的文本结构，包含多种文体结构，是文学发展的重要里程碑，对先秦的叙事散文产生了很大影响。

国纷纷率军赶来，犬戎心知不能久留，洗劫宫中财物后放火烧城，匆匆离去。等到各路诸侯赶到，镐京已经变成了一座废墟。

在申侯的支持下，废太子宜臼继承了王位，史称"周平王"。由于旧都被毁，周平王担心犬戎再次进攻，于公元前770年将国都迁往东都成周，将其更名为"洛邑"。这次风波令周王室在诸侯中的威望降到了极点，而失去了西部自古公亶父起经营了几百年的根据地，让周王室从此实力大减。东方诸侯之长鲁国甚至连平王去世都不愿前来，周王室实际上已失去了对诸侯的控制。

由于镐京在西边，人们遂把东迁之前的周朝称作"西周"，把东迁以后的周朝称作"东周"。

时间 距今约6千年—前771

附录 先秦文学史大事年表

先秦

先秦指秦代以前的历史时期，自远古至公元前221年秦始皇统一六国，本书为先秦时代的第一阶段。先秦是中国文化的奠基期，这时候的文学尚未从当时混沌一体的文化形态中分离，而是和歌谣、传说、舞蹈、礼乐等密不可分。

传说时期

远古时期的神话和歌谣，是中国文学的源头。它们经口耳相传，经过漫长的时间才被用文字记录下一鳞半爪，零星存在于古籍中，比如《蜡辞》《弹歌》《击壤歌》《南风歌》《康衢谣》等。很多典籍都证明上古诗歌歌唱时既有配乐还有对应的舞蹈。

夏商和西周初期

这个时期中国的生产力水平极大进步，原始文化开始向理性文化转变，以宗教文化为主。这个时期也出现了以甲骨文为代表的成熟文字，出现了有文学因素的文本。此时的文学创造者以巫觋为主，这些巫师不仅从事宗教活动，还要负责贵族的册命、锡命，记录王室和贵族的氏族谱系，实际上承担了史学家的任务。《尚书》中的《周书》《商书》就收录了一些这一时代的作品，具有史学散文的性质。

西周后期

这个时期学术被官府和贵族垄断，掌握了文化知识的贵族们是文学创作的主力。与此同时，周朝也设有专门的官员到民间采风，收集整理民间流传的歌谣，再经过掌管音律的乐官、太师修正、加工，最后演奏给天子听，从而达到体察民情的目的。这些诗歌就构成了未来《诗经》中的"风、雅、颂"三部分。